Entretiens
sur la pluralité
des mondes

FONTENELLE

———

Entretiens sur la pluralité des mondes

●

CHRONOLOGIE
PRÉSENTATION
NOTES
DOSSIER
BIBLIOGRAPHIE

par Christophe Martin

GF Flammarion

ISBN : 2-08-071024-9

SOMMAIRE

___

Entretiens
sur la pluralité des mondes

CHRONOLOGIE	REPÈRES HISTORIQUES ET CULTURELS	VIE ET ŒUVRES DE FONTENELLE
1634	Johann Kepler, *Le Songe ou Astronomie lunaire.*	
1644	Descartes, *Principia Philosophiae.*	
1647	Pascal, *Expériences nouvelles touchant le vide.*	
1655	Mort de Gassendi. Traduction française de John Wilkins, *Le Monde dans la lune.*	
1657	Cyrano de Bergerac, *États et empires de la lune.*	(11 février) Naissance à Rouen de Bernard Le Bouyer de Fontenelle, neveu des frères Corneille.
1661	Mort de Mazarin. Règne personnel de Louis XIV (⇒ 1715).	

1664-1672		Études au collège des Jésuites de Rouen.
1666	Fondation de l'Académie royale des Sciences.	
1667	Construction de l'Observatoire de Paris.	
1670	Pascal, *Pensées*.	
1672	Création du *Mercure François*. Molière, *Les Femmes savantes*.	
1674		Premier séjour à Paris.
1675		Fontenelle remporte un accessit à l'Académie française.
1677		Publication de *L'Amour noyé* dans le *Nouveau Mercure galant* (rédigé par son oncle Thomas Corneille et par Jean Donneau de Visé).

REPÈRES HISTORIQUES ET CULTURELS	VIE ET ŒUVRES DE FONTENELLE
Mme de Lafayette, *La Princesse de Clèves*.	*Description de l'Empire de la poésie. Lettre sur la Princesse de Clèves* (textes publiés dans le *Mercure galant*). Création de *Psyché*, tragédie lyrique, en collaboration avec Thomas Corneille, musique de Lully.
	Création de *Bellérophon*, opéra-ballet, en collaboration avec Thomas Corneille, musique de Lully.
Apparition d'une comète, fin novembre et décembre. Fondation de la Comédie-Française. Malebranche, *Traité de la nature et de la grâce*.	Rédaction du traité *De l'histoire*, première ébauche de l'*Origine des fables. Aspar*, tragédie (échec cinglant, qui inaugure l'usage des sifflets au théâtre).

1678

1679

1680

C H R O N O L O G I E

1681	Création de *La Comète*, comédie en 1 acte publiée sous le nom de Donneau de Visé. Collaboration probable à *La Pierre philosophale*, comédie en 1 acte signée par Donneau de Visé et Thomas Corneille (une seule représentation, texte non imprimé). *Histoire de mon cœur* et *Histoire de mes conquêtes* (*Mercure galant*).
1682	Louis XIV s'installe avec la Cour à Versailles. Bayle, *Pensées diverses sur la comète*.
1683	Bossuet, *Oraison funèbre de Marie-Thérèse, reine de France*. Publication anonyme des *Lettres diverses de M. le chevalier d'Her**** et des *Nouveaux Dialogues des morts*. *Jugement de Pluton sur les deux parties des Nouveaux Dialogues des morts* (anonyme).

CHRONOLOGIE	REPÈRES HISTORIQUES ET CULTURELS	VIE ET ŒUVRES DE FONTENELLE
1684	François Bernier, *Abrégé de la philosophie de Gassendi* (deuxième édition). *Arlequin, empereur de la lune* (Théâtre-Italien). Mort de Pierre Corneille. Bayle, premier volume des *Nouvelles de la République des Lettres*. Invention du calcul infinitésimal (Leibniz, Newton).	
1685	Révocation de l'édit de Nantes.	*Mémoire composé par M. D. F. R.* [= M. de Fontenelle de Rouen] *contenant une question d'arithmétique* [sur le nombre 9] (publié dans les *Nouvelles de la République des Lettres*).

1686	Quinault, *Armide*, musique de Lully.	Publication anonyme de la *Relation curieuse de l'Isle de Bornéo* (*Nouvelles de la République des Lettres*) ; *Entretiens sur la pluralité des mondes* (1ʳᵉ éd., en 5 soirs) ; *Histoire des oracles* ; *Doutes sur le système physique des causes occasionnelles*.
1687	Newton, *Philosophiæ Naturalis Principia Mathematica* (loi de la gravitation universelle).	*Entretiens sur la pluralité des mondes* (contient le 6ᵉ soir). *Discours sur la patience* (couronné par l'Académie française).
1688	La Bruyère, *Les Caractères* (1ʳᵉ éd.). Perrault, *Parallèle des Anciens et des Modernes*.	*Poésies pastorales de Mr. D. F. avec un traité sur la nature de l'églogue et une Digression sur les Anciens et les Modernes. Eloge de Claude Perrault.* Fontenelle se présente pour la première fois à l'Académie française.
1689		*Thétis et Pélée*, tragédie lyrique, musique de Colasse.

CHRONOLOGIE

	REPÈRES HISTORIQUES ET CULTURELS	VIE ET ŒUVRES DE FONTENELLE
1690	Locke, *Essay on the Human Understanding*.	*Énée et Lavinie*, tragédie lyrique, musique de Colasse. Collaboration à *Brutus*, tragédie publiée sous le nom de Catherine Bernard.
1691	Racine, *Athalie*.	Réception à l'Académie française, après quatre échecs.
1692		*Recueil des plus belles pièces des poètes français, depuis Villon jusqu'à Benserade, avec une préface et de petites Vies des poètes* (anonyme).
1693		*Parallèle de Corneille et de Racine*.
1693-1694	Famine importante dans tout le royaume.	
1695	Bayle, *Dictionnaire historique et critique*. Mort de La Fontaine.	

1696	Marquis de l'Hôpital, *Analyse des infiniment petits pour l'intelligence des lignes courbes.*
1697	Perrault, *Contes du temps passé.*
1699	Fénelon, *Télémaque.*
1700-1718		Fréquente la cour de la duchesse du Maine, à Sceaux.
1701	Création des *Mémoires pour l'Histoire des Sciences et des Beaux-Arts (Mémoires de Trévoux).*	Reçu à l'Académie royale des Inscriptions.
1702	Publication posthume du *Nouveau Traité de la pluralité des mondes* de Huygens.
1702-1740		Publication annuelle de l'*Histoire de l'Académie royale des Sciences...*

Secrétaire perpétuel de l'Académie royale des Sciences.

CHRONOLOGIE	REPÈRES HISTORIQUES ET CULTURELS	VIE ET ŒUVRES DE FONTENELLE
1705	Mandeville, *The Fable of the Bees*.	
1706	Mort de Bayle.	
1708		*Histoire du renouvellement de l'Académie royale des Sciences en 1699 et les éloges historiques de tous les académiciens morts depuis ce renouvellement...*
1709	Berkeley, *An Essay toward a new Theory of Vision*.	
1710-1733		
1710	Mort de Thomas Corneille.	
1712	Fénelon, *Dialogue des morts*.	Fréquente le salon de la marquise de Lambert.

1713	Robert Challe, *Les Illustres Françaises*. Bulle *Unigenitus*.
1715	Mort de Louis XIV. Régence de Philippe, duc d'Orléans.
1716	Mort de Leibniz. Création à Paris de la Banque générale par John Law.
1719	Du Bos, *Réflexions critiques sur la poésie et la peinture*.
1720	Effondrement du système de Law.
1721	Montesquieu, *Lettres persanes*.
1723	Mort du Régent. Marivaux, *La Double inconstance*.
1724	Publication de l'*Origine des fables* dans une édition d'*Œuvres diverses* de Fontenelle.

CHRONOLOGIE	REPÈRES HISTORIQUES ET CULTURELS	VIE ET ŒUVRES DE FONTENELLE
1727	Mort de Newton.	*Éléments de la géométrie de l'infini. Suite des Mémoires de l'Académie royale des Sciences.*
1731	Prévost, *Histoire du chevalier des Grieux et de Manon Lescaut.* Marivaux, *La Vie de Marianne* (⇒ 1742).	*Endymion*, pastorale héroïque.
1732	Pluche, *Le Spectacle de la nature.*	
1733	Mort de la marquise de Lambert.	*Histoire de l'Académie royale des Sciences depuis 1666 jusqu'à son renouvellement en 1699.*
1733-1749		Fréquente le salon de Mme de Tencin.
1734	Voltaire, *Lettres philosophiques.* Réaumur, *Mémoires pour servir à l'histoire des insectes.*	

1735	Linné, *Systema Naturæ*.	
1736	Crébillon fils, *Les Égarements du cœur et de l'esprit*.	
1738	Voltaire, *Éléments de la philosophie de Newton*, *Le Mondain*.	
1740	Avènement de Frédéric II de Prusse.	Fontenelle abandonne le secrétariat effectif de l'Académie des Sciences et obtient du cardinal de Fleury la « vétérance ».
1741		Séance solennelle à l'Académie française pour fêter le cinquantenaire de l'élection de Fontenelle, qui rédige à cette occasion un *Discours sur la rime*.
1743	Nollet, *Leçons de physique expérimentale*.	*Nouvelles libertés de penser*, anonyme, dont deux articles peuvent être attribués à Fontenelle : « Réflexion sur l'argument du pari de M. Pascal et de M. Locke concernant la possibilité d'une autre vie à venir », et « Traité de la liberté [...] divisé en quatre parties ».

CHRONOLOGIE	REPÈRES HISTORIQUES ET CULTURELS	VIE ET ŒUVRES DE FONTENELLE
1746	Diderot, *Pensées philosophiques*. Condillac, *Essai sur l'origine des connais-sances humaines*.	
1748	Montesquieu, *Esprit des lois*.	
1748-1757		Fréquente le salon de Mme Geoffrin.
1749	Mort de Mme de Tencin, de la marquise du Châtelet. Buffon, *Histoire naturelle...* (3 premiers tomes). Condillac, *Traité des systèmes*.	
1750	Voltaire, *Le Siècle de Louix XIV*. *Encyclopédie*, de Diderot et d'Alembert (⇒ 1772).	

1752		*Théorie des tourbillons cartésiens, avec des réflexions sur l'attraction*, publié sans nom d'auteur par Camille Falconnet.
1754	Diderot, *Pensées sur l'interprétation de la nature*. Condillac, *Traité des sensations*. Rousseau, *Discours sur l'origine et les fondements de l'inégalité parmi les hommes*.	
1755	Mort de Montesquieu.	
1756	Voltaire, *Poème sur le désastre de Lisbonne*.	
1757	Diderot, *Le Fils naturel*. Attentat de Damiens contre Louis XV.	(9 janvier) Mort de Fontenelle.

CHRONOLOGIE	REPÈRES HISTORIQUES ET CULTURELS	VIE ET ŒUVRES DE FONTENELLE
1761	Rousseau, *Julie ou La Nouvelle Héloïse*.	
1763	Fin de la guerre de Sept Ans : le traité de Paris liquide l'empire colonial français (perte de l'Inde et du Canada). Mort de Marivaux et de l'abbé Prévost.	
1768		*La République des philosophes, ou histoire des Ajaoiens. Ouvrage posthume de M. de Fontenelle*, publié à Genève, avec une *Lettre sur la nudité des sauvages*.

$$\boxed{P\ r\ \acute{e}\ s\ e\ n\ t\ a\ t\ i\ o\ n}$$

D'un point de vue scientifique, la validité des *Entretiens sur la pluralité des mondes* de Fontenelle n'aura guère duré qu'un an. En 1686 paraît la première édition de ce texte tout imprégné encore de cosmologie cartésienne. Un an plus tard, Newton publie les *Philosophiæ Naturalis Principia Mathematica* qui dévoilent la loi de la gravitation universelle et renvoient les tourbillons [1] de Descartes dans les oubliettes de l'histoire des sciences et des hypothèses périmées. Certes, la théorie de la gravitation universelle mettra plusieurs décennies à s'imposer en France, et le succès que l'œuvre de Fontenelle connut alors (33 éditions publiées de son vivant [2]) tient aussi à ce délai. Mais l'ironie de l'histoire semble avoir voulu indiquer d'emblée que l'intérêt des *Entretiens* tenait fort peu à la cosmologie dont ils se réclamaient.

De fait, la physique cartésienne est loin de constituer le socle unique sur lequel repose l'ouvrage de Fontenelle. Certes, parmi les six « soirs [3] » qui, dès la deuxième édition de 1687 [4], composent ces *Entretiens*, le premier suit de fort près le déroulement de la troisième partie des *Principes* de Descartes, consacrée au « Monde visible [5] » : critique de l'anthropocentrisme, puis du géocentrisme, réfutation de Ptolémée, puis de Tycho-Brahé, pour aboutir à l'exposé du système de Copernic. Quant

---

1. Sur ces tourbillons, voir note 3, p. 51 ; p. 128 ; dossier p. 195 sq.
2. Il est vrai que Fontenelle (né en 1657) mourut centenaire...
3. Tel est le nom que Fontenelle donne à chacun de ces entretiens. Il s'en justifie à la fin de l'épître dédicatoire à Monsieur L... (voir p. 58).
4. La première édition de 1686 ne comportait que les cinq premiers soirs.
5. Descartes, *Principia philosophiæ*, 1644. Traduction française : *Principes de la philosophie*, 1647.

au Quatrième Soir, il fait également référence aux *Principes* de Descartes en exposant sa fameuse théorie des tourbillons. Mais pour le reste, les *Entretiens* entraînent leurs lecteurs dans des spéculations fort hasardeuses sur la pluralité des mondes (c'est-à-dire la possibilité que la Lune et les autres planètes soient habitées), régions périlleuses où, à vrai dire, Descartes n'avait pas voulu s'attarder. Celui-ci s'était contenté de signaler (dans une lettre à Chanut du 6 juin 1647), non sans circonlocutions, qu'une telle hypothèse ne devait pas effrayer les théologiens :

> « ... Je ne vois point que le mystère de l'Incarnation et tous les autres avantages que Dieu a faits à l'homme empêchent qu'ils ne puissent en avoir fait une infinité d'autres très grands à une infinité d'autres créatures. Et bien que je n'infère point pour cela qu'il y ait des créatures intelligentes dans les étoiles, ou ailleurs, je ne vois pas aussi qu'il y ait aucune raison pour laquelle on puisse prouver qu'il n'y en a point, mais je laisse toujours indécises les questions de cette sorte, plutôt que d'en rien nier ou assurer [1]. »

Ce qui n'était chez Descartes qu'une éventualité prudemment envisagée devient chez Fontenelle un univers de possibilités systématiquement exploré.

Est-ce à dire que le succès de l'œuvre fut essentiellement lié à l'audace de ces spéculations et à cette ardeur à peupler l'univers ? Ce serait oublier un peu vite que, sur ce point, Fontenelle n'était guère original et que son texte prenait place dans une liste déjà longue d'ouvrages centrés autour de cette question [2]. Sans remonter à l'Antiquité (Pythagore, Platon), ces spéculations se trouvaient déjà chez Nicolas de Cuse ou Giordano Bruno, puis chez Johann Kepler ou Galileo Galilée. En 1648, Baudoin traduit un roman de l'Anglais Godwin, *L'Homme dans la lune*. De la Montagne donne en 1655 une traduction des traités de John Wilkins sous le titre *Le Monde dans la lune*. En 1657, paraît la première édition

---

1. *Œuvres de Descartes*, t. V (Correspondance), éd. de Charles Adam et Paul Tannery, Vrin-C.N.R.S., Paris, 1964-74, p. 54-55.
2. Pour un panorama de ces textes, voir la première partie du dossier, p. 177 sq.

de *L'Autre monde, ou les états et empires de la lune* de Cyrano de Bergerac. La même année, Pierre Borel publie un *Discours nouveau prouvant la pluralité des mondes*. Cette liste est loin d'être exhaustive et, pour se convaincre de l'engouement suscité alors par ce thème, il suffirait sans doute de rappeler les propos de Philaminte dans *Les Femmes savantes* (comédie que Molière présenta pour la première fois en 1672) : « J'ai vu clairement des hommes dans la lune [1]. » Ajoutons cependant que, dans les années 1680, la question n'était pas démodée puisque les Comédiens Italiens donnèrent, en 1684, la première représentation d'*Arlequin, empereur dans la lune* [2]. Ni les tourbillons de Descartes, ni les spéculations sur les habitants de la lune ne permettent donc d'expliquer véritablement le succès de l'œuvre, encore moins de saisir ce qui peut nous la rendre précieuse.

Un chef-d'œuvre de « vulgarisation » ?

Dès lors que les tourbillons cartésiens devinrent objets de risée, on ne considéra plus les *Entretiens sur la pluralité des mondes* de Fontenelle que dans la mesure où ils semblaient un chef-d'œuvre de « vulgarisation » scientifique. Et certes, l'art fontenellien de « débrouiller » (comme l'on disait alors) les systèmes astronomiques les plus complexes ou les plus hasardeux est assurément admirable dans ces six *Entretiens* entre un savant philosophe et une belle marquise. Pour autant, assigner à l'œuvre de Fontenelle les frontières génériques d'un traité de vulgarisation revient à en limiter singulièrement l'horizon et la portée. Car non seulement le mot de vulgarisation constitue en lui-même un évident anachronisme mais, plus fondamentalement, il implique un malentendu sur le projet même des *Entretiens*. Voir en l'écriture de Fontenelle l'élaboration d'outils pédago-

---

. Molière, *Les Femmes savantes*, acte III, scène 2.
. Comédie de Fatouville dont nous donnons un extrait dans le chapitre 1 du dossier, p. 191.

giques (si élégants soient-ils) destinés à rendre accessibles au commun (*vulgus*) les grandes découvertes de l'astronomie, c'est d'abord attribuer aux *Entretiens* une visée qu'ils refusent explicitement [1]. Mais, ce point fût-il rectifié, c'est aussi supposer au discours de la science une dignité qu'il n'avait pas tout à fait acquise en cette fin du XVIIe siècle. Si bien qu'en leur préciosité, les comparaisons et les métaphores fonteneliennes sont moins les instruments d'une « vulgarisation » que le moyen opportun de soustraire le langage à toute vulgarité, c'est-à-dire, en l'occurrence, à la pure technicité d'un discours astronomique en train de se constituer. La première exigence des *Entretiens* pour un lecteur moderne, c'est donc de se reporter à un état de civilisation qui nous est devenu à peu près opaque. Que l'on songe, pourtant, à la très ferme mise au point de Nietzsche, dans *Le Gai Savoir* :

> Partout où il y avait une vie de cour, cette vie imposait la loi du langage noble et de la sorte aussi la loi du style pour tous ceux qui écrivent. Le langage de cour est celui du courtisan *qui n'a point de spécialité* et qui, même dans les entretiens sur des questions scientifiques, s'interdit toutes les commodes expressions techniques, parce qu'elles sentent trop le métier ; c'est pourquoi dans tous les pays où régnait une culture de cour l'usage d'expressions techniques et de tout ce qui révèle le spécialiste, constituait une atteinte au style [2].

Ce « style » prend le plus souvent, dans les *Entretiens*, la forme d'un langage plaisamment imagé. Car le discours « figuré » confère à l'objet du dialogue une légitimité quasi aristocratique, alors que le sens « propre » du vocabulaire technique relèverait nécessairement d'un langage

---

1. Cf. *Sixième Soir*, p. 160 : « Contentons-nous d'être une petite troupe choisie qui croyons [aux habitants de la lune], et ne divulguons pas nos mystères dans le peuple. »
2. Nietzsche, *Le Gai Savoir*, II, 101, trad. Pierre Klossowski, Paris, Gallimard, 1982, p. 126.

ignoble (*ig-nobilis*) en raison même de sa fonc-
tionnalité. C'est dire que, pour Fontenelle, il s'agit
sans doute moins de « vulgariser » la science que,
tout à l'inverse, de lui donner ses lettres de
noblesse. L'effort de Fontenelle a donc moins
consisté à rendre l'astronomie cartésienne intelligible aux mondains qu'à l'élever à la dignité
de leur attention en l'érigeant en nouveau critère
de « distinction ». On remarquera, à cet égard, le
soin avec lequel les *Entretiens* évitent de parler notamment de « masse élémentaire » ou
d'« atmosphère », mots appartenant au vocabulaire
de la science contemporaine mais qui, en eux-
mêmes, ne pouvaient présenter aucune difficulté
sémantique pour un lectorat raisonnablement
lettré. Fontenelle leur préfère néanmoins une
longue comparaison avec une coque de ver à soie.
De même, renonçant la plupart du temps aux formules (nullement hermétiques, et en usage dans le
discours astronomique de l'époque) de « planètes
subalternes ou secondaires », les *Entretiens*
abondent en images néoprécieuses telles celle
d'« équipage céleste ».

LE SAVOIR ET L'AGRÉMENT

Qu'on l'ait loué ou regretté, ce travail du style
a presque toujours été évalué comme une dimension purement ornementale de l'œuvre de Fontenelle : Voltaire fut « fâché d'y trouver que le jour
est une beauté blonde, et la nuit une beauté brune,
et d'autres petites douceurs [1] » et D'Alembert ren-
dit un hommage poli à celui qui osa « prêter à la
philosophie les ornements qui semblaient lui être
les plus étrangers [2] ». Or, Fontenelle prend soin de

---

1. Voltaire, Lettre à Cidéville, *Œuvres*, éd. Moland, t. VIII, p. 552.
2. D'Alembert, « Discours préliminaire » à *L'Encyclopédie
ou Dictionnaire raisonné des sciences, des arts et des métiers.*
Il est remarquable que le nom de Fontenelle ne soit d'ailleurs pas
prononcé dans ce qui se présente pourtant comme un éloge.

le préciser d'emblée, « il n'y a pas jusqu'aux
vérités à qui l'agrément ne soit nécessaire [1] ». Il
ne saurait donc être question d'un simple souci
d'ornementation. Une lecture récente, et plus
féconde, suggère que « la galanterie même du
texte serait une façon de satisfaire philosophiquement les passions humaines [2] ». Mais cette analyse
se fonde encore sur la distinction classique du plaisir (*placere*) et de l'instruction (*docere* [3]) : l'art
fontenellien de la séduction serait une concession
à la faiblesse de la raison, le savoir n'étant
agréable que par accident, et comme par surcroît.
Il semble au contraire que ce soit la possibilité
même d'une disjonction entre plaisir et instruction
que récusent les *Entretiens*.

Le « cœur [d'un philosophe] ne laisse pas de
s'intéresser à une affaire de pure spéculation »
(p. 72). Cette maxime, énoncée par Fontenelle dès
le Premier Soir de ses *Entretiens*, désigne explicitement un risque (en l'occurrence le géocentrisme) de contamination des théories scientifiques
par des considérations humaines, trop humaines.
À ce titre, la sympathie de Nietzsche pour Fontenelle s'explique fort bien si l'on songe que peu de
penseurs ont, avant lui, aussi nettement mis en
lumière le caractère nullement désintéressé du
désir de savoir. Mais cet « intérêt » qui se loge au
« cœur » même du sujet de la connaissance ne saurait manquer, à cette époque, de suggérer quelque
implication affective, voire érotique [4]. Et en ce

---

1. Cf. p. 61.
2. Barbara de Negroni, « L'allée des roses ou les plaisirs de la
philosophie », *Corpus, revue de philosophie*, n° 13, 1990, p. 29.
La thèse de cette suggestive étude est que Fontenelle substitue
aux plaisirs naïfs de la croyance irrationnelle l'émerveillement
devant la rationalité du monde.
3. Il est vrai que Fontenelle la reprend dans sa préface mais en
précisant à propos des lecteurs ignorants en astronomie
qu'il a « cru pouvoir les instruire et les divertir tout ensemble ».
4. Cf. « Mon cœur, mon lâche cœur s'intéresse pour lui ».
Racine, *Andromaque*, Acte V, scène 1.

sens, cette maxime pourrait bien être la justification la plus profonde des constants jeux d'échange entre discours galant et discours savant à l'intérieur du texte des *Entretiens*. Ainsi entendue, elle ne serait d'ailleurs pas tout à fait isolée dans l'œuvre de Fontenelle puisque, dans une poignée de vers adressés à Voltaire, on trouve l'équivalence suivante, fort intéressante elle aussi :

> J'avoûrai bien, et j'en enrage,
> Que le savoir et la raison
> Ne sont aussi qu'un badinage,
> Mais badinage de grison [1] ;
> Il est des hochets pour tout âge [2].

On sait quel avenir connaîtra dans la psychanalyse l'hypothèse d'un lien inconscient entre le désir de savoir et la libido sexuelle [3] ; et, sans faire de Fontenelle un précurseur de Freud, on trouverait peut-être ici un *nouveau* signe indiquant que la période postclassique, désignée jadis par Paul Hazard comme celle d'une « crise de la conscience européenne », fut peut-être aussi celle d'une prise en considération de zones obscures de la conscience [4].

LIBIDO SCIENDI

La première édition des *Entretiens*, en 1686, paraît en un temps où les thèses jansénistes ont réactivé toute une tradition chrétienne condamnant

---

1. Homme grisonnant.
2. « Réponse à une lettre de M. de Voltaire » in *Œuvres complètes*, (éd. A. Niderst), Paris, Fayard, 1989, t. 3, p. 263. Voir le chapitre 3 du dossier, p. 213.
3. La première analyse freudienne de la pulsion de savoir (*Wiesstrieb*) se trouve dans les *Trois essais sur la théorie de la sexualité*, Gallimard, 1962, p. 90 et sq.
4. Nous empruntons cette hypothèse aux travaux de René Démoris (voir notamment quelques aperçus particulièrement pénétrants sur cette question dans « Parents et enfants : jeux de l'inconscient dans *Les Illustres françaises* de R. Challe », in *Leçons sur les Illustres Françaises*, Paris, 1993, p. 151-165).

le désir de savoir comme vanité, à tous les sens du terme : la connaissance de la nature et des créatures est inaccessible à la raison humaine et détourne de l'amour du Créateur. Les *Entretiens* s'écrivent d'ailleurs presque directement contre un interdit formulé par Pascal : « Je trouve bon qu'on n'approfondisse pas l'opinion de Copernic [1] » et proclament que le désir de savoir est non seulement légitime (préludant en cela à un mouvement qui traverse tout le XVIIIᵉ siècle [2] et que Kant résume par la devise : *Sapere aude* [3] !) mais source de plaisirs. Péché multiforme en fait puisque, peu ou prou, se trouve ainsi transgressé l'interdit sur la triple concupiscence que désignait la « Première Épître » de saint Jean, traduite par ce même Pascal : « Tout ce qui est au monde est concupiscence de la chair, ou concupiscence des yeux, ou orgueil de la vie : *libido sentiendi, libido sciendi, libido dominandi* [4] ». Cette *libido sciendi*, que Pascal nomme « concupiscence des yeux », c'est bien entendu la curiosité qui, dans la Bible, est à l'origine du péché originel : Adam et Ève mangent le

---

1. Pascal, *Pensées*, éd. Brunschwicg (fr. 218).
2. Voir à ce sujet Ernst Cassirer, *La Philosophie des Lumières*, trad. de Pierre Quillet, Fayard, 1966 (rééd. Presses Pocket, « Agora », 1990), chapitres I et II.
3. « Ose savoir ! »
4. Pascal, *Pensées* (Br. 458). La Bruyère a parfaitement perçu cet enjeu de l'œuvre de Fontenelle et ne s'est pas laissé abusé, comme tant d'autres, par une légèreté supposée foncièrement inoffensive. C'est bien comme une réponse aux *Entretiens* qu'il faut lire nombre de fragments appartenant à la dernière section de ses *Caractères*, « Des esprits forts », et en particulier cet extrait du fragment 45 : « Mais la lune est habitée ; il n'est pas du moins impossible qu'elle le soit. – Que parlez-vous, Lucile, de la lune, et à quel propos ? En supposant Dieu, quelle est en effet la chose impossible ? Vous demandez peut-être si nous sommes seuls dans l'univers que Dieu ait si bien traités ; s'il n'y a point dans la lune ou d'autres hommes, ou d'autres créatures que Dieu ait aussi favorisées ? *Vaine curiosité !* frivole demande ! [...] que ceux qui peuplent les globes célestes, quels qu'ils puissent être, s'inquiètent pour eux-mêmes ; ils ont leur soins, et nous les nôtres ». (La Bruyère, *Les Caractères*, « Des esprits forts » § 45, 1696. Nous soulignons.)

fruit de « l'arbre de la science du bien et du mal » qui « était beau et *agréable à la vue* » ; et « en même temps, leurs yeux furent ouverts à tous deux [1] ».

Il est remarquable que dans les *Entretiens*, le plaisir des yeux soit d'emblée discrètement érotisé : « Avouez que le jour ne vous eût jamais jeté dans une rêverie aussi douce que celle où je vous ai vu prêt de tomber tout à l'heure *à la vue de cette belle nuit.* » (p. 60). En ce langage néoprécieux de la Marquise, la nuit apparaît immédiatement comme l'obscur objet de la « rêverie » du Philosophe [2]. Cette « rêverie » paraît bien être ici le lieu d'un accomplissement de désir [3]. Mais l'ambiguïté de ce terme dans la langue classique permet de désigner opportunément aussi bien une extravagance de la pensée qu'une méditation strictement rationnelle. De sorte que le plaisir de cette rêverie inaugurale ne saurait être d'une nature différente de celui que pourront procurer les spéculations purement intellectuelles qui feront l'objet des six entretiens.

Dès lors, la fameuse métaphore de l'opéra qui constitue la première leçon d'astronomie de la belle marquise (« je me figure toujours que la Nature est un grand spectacle qui ressemble à celui de l'opéra »), se fonde directement sur cette avidité première du regard. On pourrait même trouver sinon l'origine, du moins une expression anticipée de cette métaphore dans un écrit de La Mothe Le Vayer intitulé « De la curiosité » : « Le monde est un théâtre sur lequel [l'homme] peut jeter les yeux de toute part [4]. » La caracté-

---

1. *La Bible*, trad. Lemaître de Sacy, « Genèse », chap. III, v. 6-7.
2. Nullement kantien sur ce point, Fontenelle ne semble guère porté à croire que la jouissance esthétique puisse être « désintéressée » : « un peu de faiblesse pour ce qui est beau, voilà mon mal » (p. 144).
3. Conformément à la fonction que Freud attribue à la notion de *Tagtraum*.
4. La Mothe Le Vayer, *Petits Traités en forme de lettres adressées à diverses personnes studieuses*, lettre XVI (éd. 1662).

risation de la nature comme spectacle admirable
est ainsi l'un des motifs les plus récurrents des
Entretiens, et Fontenelle en appelle constamment
au regard et au sens esthétique de son lecteur
pour apprécier les divers systèmes astronomiques
exposés au fil de son texte. Car « les idées de
Physique y sont riantes d'elles-mêmes, et [...]
dans le même temps qu'elles contentent la raison, elles donnent à l'imagination un spectacle
qui lui plaît autant que s'il était fait exprès pour
elle » (p. 52). Ces deux facultés ne sont d'ailleurs nullement indépendantes dans les *Entretiens*, qui refusent toute rupture entre la sphère
du sensible et celle de l'intelligible : la connaissance scientifique est d'abord réjouissante en ce
qu'elle permet de développer les multiples plaisirs esthétiques impliqués dans les « mille figures
différentes » de l'univers (p. 60). Sans les instruments optiques, l'esprit humain serait impuissant
à se représenter le ballet des quatre lunes autour
de Jupiter (p. 131), ou le nombre prodigieux de
tourbillons qui composent les différents systèmes
solaires (p. 142). Les métaphores sont donc parfaitement légitimes puisque c'est en elles que la
nature peut se donner à voir, et par elles que
l'on peut accéder aux plaisirs de la pensée :

J'aime fort toutes ces idées-là, dit la marquise.
J'aime ces ballons qui s'enflent et se désenflent à
chaque moment, et ces Mondes qui se combattent toujours, et surtout j'aime à voir comment ce combat fait
entre eux un commerce de lumière qui est apparemment le seul qu'ils puissent avoir (p. 149).

L'ÉCONOMIE DES PLAISIRS

En liaison étroite avec ce principe esthétique,
où se manifeste une dimension essentiellement
contemplative du plaisir de la connaissance (« il
faudrait être spectateur du monde et non pas
habitant »), un principe économique est également au fondement du désir de savoir chez Fon-

tenelle. Rappelons que le principe de plaisir est, pour Freud, lié à une économie de la moindre dépense d'énergie, ou du moins d'une dépense constante. Or ce principe économique est pour Fontenelle indissociablement celui du bonheur [1] et celui du fonctionnement de la nature.

Le thème du repos occupe une place centrale dans sa pensée : l'immobilité des désirs est l'état vers lequel tend l'homme, même sans le savoir. Au point que, pour Fontenelle, le plaisir que l'on éprouve à lire la poésie pastorale [2] ne tient pas à ses attributs rustiques, mais seulement à « l'idée de tranquillité attachée à la vie de ceux qui prennent soin des brebis et des chèvres » et au sentiment du « *peu qu'il en coûte* pour être heureux [à la campagne] [3] ». Or, les *Entretiens* ne sont en un sens que l'intégration du discours de l'astronomie à l'univers de la poésie pastorale, ce que l'abbé Du Bos avait parfaitement compris :

> Je ne crois pas qu'il soit de l'essence de l'églogue [4] de ne faire parler que des amoureux. Puisque les bergers d'Égypte et d'Assyrie sont les premiers astronomes, pourquoi ce qui se trouve de plus facile et de plus curieux dans l'astronomie ne serait-il pas un sujet propre pour la poésie bucolique ? Nous avons vu des auteurs qui ont traité cette matière en forme d'églogue avec un succès auquel toute l'Europe a donné son applaudissement. Le premier livre de la *Pluralité des Mondes*, traduite en tant de langues, est la meilleure églogue qu'on nous ait donnée depuis cinquante ans ; les descriptions et les images sont très convenables au caractère de la poésie pastorale ; il y a

---

1. « La mesure du bonheur qui nous a été donnée est assez petite, il n'en faut rien perdre » (p. 139). Voir sur ce point Robert Mauzi, *L'Idée du bonheur dans la littérature et la pensée françaises au XVIIIe siècle*, Paris, Albin Michel, 1994 (1re éd. Paris, Armand Colin, 1960), p. 222-227.
2. Fontenelle a lui-même écrit des *Poésies pastorales* (1688).
3. *Discours sur la nature de l'églogue* (1688) in *Œuvres complètes, op. cit.*, t. 2, p. 389-390. Nous soulignons.
4. Petit poème pastoral ou champêtre.

plusieurs de ces images que Virgile aurait employés
volontiers [1].

Cette parenté entre les *Entretiens* et le genre
de l'églogue ne concerne peut-être pas seulement
le Premier Soir : l'économie générale du texte est
celle d'une réduction de tous les affects (« il
semble pendant la nuit que tout soit en repos »,
p. 60) et d'une concentration de toute l'énergie
sur le spectacle d'une mécanique céleste offerte
aux agréments de la rêverie. Mais si « l'astronomie est fille de l'oisiveté » (p. 66), et par là
même source de plaisirs [2], ce n'est pas seulement
parce qu'elle requiert une attention purement
contemplative, mais parce que le principe même
de la nature est celui de la plus extrême économie dans les moyens : étant « d'une épargne
extraordinaire » (p. 69), elle ne se donne qu'à la
compréhension de celui qui sait faire effort pour
retrouver mentalement cette jouissance de la
moindre dépense. Ce qu'analyse très bien la marquise : « votre philosophie est une espèce d'enchère, où ceux qui offrent de faire les choses à
moins de frais l'emportent sur les autres »
(p. 69). C'est pourquoi il serait hâtif d'affirmer
que la séduction du savoir ne repose chez Fontenelle que sur une commode simplification des
théories scientifiques. Ce qui procure un plaisir
de la pensée, ce n'est pas la simplicité proprement dite de la nature mais l'union « surprenante » entre la concentration extrême des
principes et la prolifération inattendue des
connaissances déductibles : « Il est surprenant

---

1. Abbé Du Bos, « Quelques remarques sur la poésie pastorale et sur
les bergers des églogues », *Réflexions critiques sur la poésie et
la peinture*, I, section 22 (1719).
2. On trouve chez La Mothe Le Vayer (dont Fontenelle fut
assurément un grand lecteur) une étymologie fausse mais très
révélatrice, selon laquelle le mot « aise » dériverait du latin *otium*
(oisiveté). Voir « De la méditation », *Première Suite des Petits
Traités en forme de lettres écrites à diverses personnes studieuses*,
lettre LXII (éd. de 1662).

que l'ordre de la nature, tout admirable qu'il est, ne roule que sur des choses si simples. » (p. 64).

LA JOUISSANCE DU POSSIBLE

Cette adéquation entre l'économie de la nature et celle de l'esprit ne saurait bien entendu fonder nulle certitude. Mais, conformément à la tradition sceptique, Fontenelle se désintéresse de la question de la vérité ultime, et même, ce qui est plus remarquable, de celle du vraisemblable : seule compte à ses yeux la logique des possibles (ce qu'il nomme le principe du *pourquoi non ?*), précisément en vertu des plaisirs qu'elle est seule à pouvoir procurer :

Je me suis mis dans la tête que chaque Étoile pourrait bien être un Monde. Je ne jurerais pas pourtant que cela fût vrai, mais je le tiens pour vrai, parce qu'il me fait plaisir à croire. C'est une idée qui me plaît, et qui s'est placée dans mon esprit d'une manière riante (p. 61).

Le Philosophe souligne d'ailleurs la difficulté à situer le lieu de cette jouissance : « c'est [un plaisir] qui est je ne sais où dans la raison, et qui ne fait rire que l'esprit ». Car à vrai dire, c'est moins tel objet de pensée qui peut susciter le plaisir que la pratique même de la conjecture. Sans doute faudrait-il en effet renverser les termes de sa formulation : c'est dans la mesure où il ne fait que « tenir » son système pour vrai qu'il lui fait plaisir à croire. D'abord parce que l'univers des possibles exige une plasticité de la pensée, une véritable danse de l'esprit : la pluralité des mondes permet avant tout de multiplier les représentations intellectuelles selon un principe de variété qui est en lui-même source de volupté, ainsi que l'a bien perçu Georges Poulet : « ... il faut [...] faire durer la recherche, comme on fait durer un amour, varier précautionneusement les hypothèses, comme on

varie les modalités de la passion [1] ». Ensuite, parce
qu'en la souriante humilité de cette argumentation
sceptique se loge une pulsion d'emprise de l'esprit
sur le monde, emprise d'autant plus souveraine
qu'elle fait, dans une certaine mesure, l'économie
de la confrontation au principe de réalité : le « bon
plaisir » revendiqué par le Philosophe instaure une
monarchie imaginaire et absolue de sa propre raison [2] : « C'est proprement l'empire des philosophes que ces grands pays invisibles qui peuvent
être ou n'être pas si on veut, ou être tels que l'on
veut » (p. 156-157). C'est une nouvelle fois chez
La Mothe Le Vayer que l'on trouverait assez nettement indiqué l'idéal de toute-puissance de la
pensée qui caractérise le plaisir du « méditatif »,
en des termes qui s'appliquent remarquablement
au projet même des *Entretiens* :

[Les] gens qui se plaisent à la contemplation [...] sont
persuadés que ce qu'ils découvrent dans le globe intel-
lectuel, par le moyen des navigations spirituelles qui
leur font voir tous les jours de nouveaux mondes, est
préférable à tout ce que l'une et l'autre Inde peut donner
de richesses à ceux qui se les proposent comme le souverain bien de la vie civile [3].

Le « voyage des mondes » (p. 121) que le Philosophe propose à la belle Marquise est par excellence l'un de ces voyages immobiles où l'esprit
jouit sans péril d'une maîtrise absolue de ses
objets. À cet égard, il n'est pas indifférent (comme

---

1. Georges Poulet, « Fontenelle », *Études sur le temps humain*,
Presses Pocket, 1989 (1ʳᵉ éd. Plon, 1952), t. I, p. 186. Précisons
cependant que le terme de « passion » ne nous paraît guère adapté à
l'érotique fontenellienne.
2. On pourrait d'ailleurs se demander si, historiquement, ce royaume
ne s'édifie pas, selon une logique compensatoire, dans les marges de
celui qui, loin de voir dans les étoiles fixes autant de soleils, exigeait
de tous qu'ils révèrent en lui l'incarnation unique de l'astre suprême,
sous le nom de Roi-Soleil...
3. La Mothe Le Vayer, « Des abstractions spirituelles », in *Nouveaux
Petits Traités en forme de lettres...*, *op. cit.*, lettre CXXI.

l'a souligné Michel Delon [1]) que le lieu de cette exploration mentale de l'infinité des mondes possibles soit l'espace clos et féminin du parc de la Marquise. L'inclusion de l'espace du dialogue (l'univers infini) dans celui de la narration (le monde clos du parc) est une structure essentielle au plaisir de la pensée puisque le resserrement de l'être est chez Fontenelle la condition pour que l'esprit s'épanouisse et épouse l'immensité de l'univers.

D'où l'ironie des *Entretiens* à l'égard du discours pascalien, et notamment la savoureuse réplique du Philosophe à l'inquiétude de la Marquise lorsque celle-ci découvre le sentiment de l'immensité (il s'agit au fond d'une réponse à la fameuse formule : « le silence éternel de ces espaces infinis m'effrait ») : « Et moi [...] cela me met à mon aise » (p. 142). Car le paradoxe de l'espace exploré par les *Entretiens* est d'être à la fois celui de la profusion, de la pluralité infinie, et celui de l'infinie proximité, et même de la familiarité : « Nous ne sommes dans l'univers que comme une petite famille. » Les étoiles sont des « fourmillements d'astres » et « les petits tourbillons de la Voie de lait sont si serrés qu'il me semble que d'un monde à l'autre on pourrait se parler, ou même se donner la main » (p. 147). La pluralité des mondes forme en fait un univers-jouet qui convie à une sorte de plaisir enfantin, se prêtant avec docilité au jeu des facultés réunies de l'imaginaire et de la raison. Car cet univers des deux infinis (« une feuille d'arbre est un petit monde », p. 113) n'est pas si grand qu'il ne puisse tenir en un cerveau humain : la Marquise peut ainsi « ranger dans sa tête sans confusion les tourbillons et les mondes » (p. 51). Cet imaginaire de

---

1. Michel Delon, « La marquise et le philosophe », *Revue des Sciences humaines*, n° 182, avril-juin 1981, p. 69.

la miniaturisation [1] construit un univers que l'intellect pourrait, si l'on ose dire, « incorporer » à sa sphère mentale : moyen peut-être de le « comprendre », à défaut de pouvoir en pénétrer les secrets puisque les fins dernières sont inaccessibles.

L'ÉVEIL DU DÉSIR

Il ne faudrait toutefois pas imaginer que les *Entretiens* sont uniquement le lieu des plaisirs solitaires de la pensée : leur nature de dialogue [2] indique assez que, pour Fontenelle, la jouissance intellectuelle consiste aussi et avant tout à être partagée. Mais ce partage n'est peut-être pas aussi naturel au Philosophe qu'on pourrait d'abord le supposer. À l'ouverture du Premier Soir, apparaît assez nettement sinon un conflit, du moins une tension entre deux directions possibles du désir : d'un côté, les commodités d'une contemplation à dominante narcissique et, de l'autre, les agréments et les risques d'une entreprise de séduction, c'est-à-dire une relation d'objet [3] :

Ce spectacle [des étoiles] me fit rêver ; et peut-être sans la Marquise eussé-je rêvé assez longtemps ; mais la présence d'une si aimable dame ne me permit pas de m'abandonner à la Lune et aux Étoiles (p. 59).

---

1. Sur cet imaginaire de la miniature, voir Gaston Bachelard, *La Poétique de l'espace*, Paris, 1957, p. 140-167.
2. Avant que Fontenelle publie ses *Entretiens sur la pluralité des mondes*, l'entretien est déjà un genre en vogue, mais après le succès de cette œuvre, la forme dialoguée connaît un véritable engouement. Sur cette question, voir l'introduction de Bernard Beugnot à son édition des *Entretiens de Guez de Balzac* (Paris, 1972), et celle de D.-J. Adams à sa *Bibliographie d'ouvrages français en forme de dialogue (1700-1750)*, Londres, 1992. Dans l'article « Conversation, entretien », de l'*Encyclopédie*, D'Alembert rappelle la distinction traditionnelle entre les deux termes : « une conversation est, à la différence de l'entretien, un délassement dans lequel il faut éviter le sérieux ».
3. En termes psychanalytiques, la notion de « relation d'objet » désigne le mode de relation entre un sujet et la personne visée par ses pulsions (l'objet).

Où l'on peut entendre la présence diffuse d'un ressentiment : la rivalité explicitement posée des étoiles et de la Marquise confirme en tout cas, s'il le fallait, que la « rêverie » du Philosophe comporte un investissement libidinal non négligeable. La dimension érotique de cette contemplation captivante n'échappe d'ailleurs pas à la Marquise (et donc pas à Fontenelle non plus) et son interlocuteur doit très vite la rassurer : « Une blonde comme vous me ferait encore mieux rêver que la plus belle nuit du monde. »

Cette galanterie est en fait le dernier mot d'un texte possible, différent de celui que nous pouvons lire, et qui aurait pu être un roman, dont le sujet quasi obligatoire à cette époque est bien entendu l'amour. La possibilité de ce texte est ici écartée mais elle ne sera peut-être jamais totalement abandonnée puisque Fontenelle indique dans sa préface que son ouvrage requiert « la même application qu'il faut donner à la Princesse de Clèves [1] » (p. 52). Tout se passe donc comme si, à partir de ce moment, la dimension érotique de la relation du Philosophe et de la Marquise était (à l'exception de quelques traits de badinage relégués dans les marges du texte, au début ou à la fin des différents soirs) tout entière reversée dans la relation pédagogique : au point qu'on soit conduit à se demander s'il ne s'agit pas pour le Philosophe de faire partager le plaisir du savoir afin qu'il n'y ait pas cette rivalité initiale, tout en échappant aux risques de la relation d'objet. Un tel compromis permettant de maintenir une relation de désir avec la Marquise, sans renoncer aux bénéfices narcissiques de la « rêverie ».

Quoi qu'il en soit, le texte se construit dès ce moment sur le renversement d'une scène de séduction classique. L'incipit [2] est par tradition le lieu

---

1. Rapprochement qui pourrait suggérer un point commun entre les deux œuvres dans la question de la sublimation.
2. Premiers mots d'un livre.

stratégique de la *captatio benevolentiæ* [1]. Dans les *Entretiens*, il met en scène la « captation » d'un désir. Les premières pages du texte relèvent, comme on l'a dit, de la poésie pastorale. Ce genre très codé suppose qu'un tendre berger cherche à séduire une bergère dédaigneuse. En dépit des plaisirs de sa « rêverie », le Philosophe accepte d'abord de tenir son rôle et propose une flatteuse comparaison à la Marquise qui, conformément au sien, relève à peine cette galanterie. Suit un éloge de la nuit si saturé de références poétiques (« le jour n'est pas si beau qu'une belle nuit [2] ») qu'il ne peut qu'obtenir l'adhésion de la Marquise : « J'ai toujours senti ce que vous me dites [...]. J'aime les Étoiles, et je me plaindrais volontiers du soleil qui nous les efface. » Phrase que le Philosophe ne fait semble-t-il que gloser mais où, incidemment, il place un terme destiné à piquer la curiosité de la jeune femme : « Ah ! je ne puis lui pardonner de me faire perdre de vue tous ces mondes. » L'intrusion de ce lexème savant (au pluriel, le terme n'appartient qu'au vocabulaire de l'astronomie) au beau milieu d'un discours typiquement néoprécieux est d'une remarquable efficacité puisque le dédain de la « bergère » fait place à une irrésistible attraction : « Qu'appelez-vous tous ces mondes, me dit-elle, en me regardant, et en se tournant vers moi. » Le dialogue devient dès lors un authentique marivaudage avant la lettre, tournant autour de quatre mots qui tous éveillent le désir de la Marquise : après les « mondes », viennent la « folie », le « plaisir », et enfin la « raison ». Ce dernier, débarrassé de son aspect a priori rebutant pour une belle mondaine par l'alléchante

---

1. Terme de rhétorique désignant l'art d'éveiller la bienveillance du lecteur.

2. Formule où se condensent des souvenirs de Racine : « Et nous avons des nuits plus belles que vos jours » (lettre à M. Vitart, in *Lettres d'Uzès*, 1662) et de tout un courant poétique, baroque en particulier. Voir Gérard Genette, « Le jour, la nuit », in *Figures II*, Seuil, 1969.

« constellation » qu'il forme dans les propos du savant avec les mots de folie et de plaisir, devient lui aussi objet de tentation.

Mais le plus remarquable est la stratégie de feinte réticence et de rétention du savoir, qui non seulement blesse l'amour-propre de la Marquise, mais jette sur le spectacle des étoiles un voile destiné à exacerber sa curiosité (et celle du lecteur). Ce discours qui feint sans cesse de refuser ce qu'il cherche à obtenir prend enfin un tour franchement équivoque : « J'eus beau encore me défendre quelque temps sur ce ton-là, *il fallut céder*. Je lui fis du moins promettre *pour mon honneur*, qu'elle me garderait le secret. » Où l'on aura reconnu évidemment le discours topique d'une femme galante cédant aux instances d'un habile séducteur. C'est bien désormais le berger-philosophe qui est détenteur de trésors suscitant la convoitise de la Marquise.

LA CULTURE DE LA CURIOSITÉ

Après avoir attisé le désir par la stratégie du voile et du secret, le Philosophe n'a plus qu'à jouer sur l'érotisme du dévoilement : « ... je n'ai qu'à tirer le rideau et à vous montrer le monde ». Ce geste inaugural initie la Marquise à un véritable culte de la curiosité.

Mais une fois cette curiosité éveillée, encore faut-il savoir en renouveler constamment les objets. Et c'est là une autre vertu de la logique des possibles évoquée précédemment. Celle-ci s'accompagne, en effet, d'un goût pour l'auto-contradiction et la palinodie [1] puisque le discours savant

---

1. Ce goût du revirement est hérité, là encore, du scepticisme et du libertinage érudit du milieu du siècle. Voir sur ce point les analyses de Sylvia Giocanti : « La Mothe Le Vayer : scepticisme libertin et pratique de la contrariété », dans *Libertinage et philosophie au XVII⁰ siècle*, n° 1, Publications de l'université de Saint-Étienne, 1996, p. 27-53.

a moins pour finalité de démontrer la validité de tel ou tel système scientifique, que de troubler les certitudes naïves de l'ignorance. Les théories sont avant tout (Fontenelle n'en fait jamais mystère) exposées pour le plaisir, et la Marquise doit s'attendre à tout moment à une possible rétractation. Le « pourquoi non ? » fontenellien est donc ce principe qui permet de maintenir la curiosité en éveil en la laissant perpétuellement inassouvie : « Hier vous m'aviez préparée à voir [les habitants de la Lune] venir ici au premier jour, et aujourd'hui ils ne seraient seulement pas au monde ? Vous ne vous jouerez point ainsi de moi » (p. 101). De fait, il faut pour le savant sinon se jouer de la Marquise, du moins jouer avec ses idées, les laisser en un suspens qui maintienne la possibilité de son désir au cœur même de cet univers des possibles.

L'ouverture du Cinquième Soir (le dernier dans l'édition de 1686) souligne la parfaite réussite de cette stratégie : « La Marquise sentit une vraie *impatience de savoir* ce que les étoiles fixes deviendraient. » Tout au long de ces dialogues nocturnes, la *libido sciendi* est entretenue par un savant renouvellement des plaisirs, puisant sa séduction dans la révolution copernicienne (« vous tournerez avec plaisir et vous vous ferez sur ce système des idées réjouissantes », p. 76), et surtout dans les « tourbillons » cartésiens, « dont le nom est si terrible et l'idée si agréable » (p. 128) qu'ils permettent au Philosophe d'étourdir la Marquise, et à Fontenelle de multiplier les équivoques galantes :

La tête me dût-elle tourner, dit-elle en riant, il est beau de savoir ce que c'est que les tourbillons. Achevez de me rendre folle, je ne me ménage plus, je ne connais plus de retenue sur la philosophie ; laissons parler le monde, et donnons-nous aux tourbillons. Je ne vous connaissais pas de pareils emportements, repris-je ; c'est dommage qu'ils n'aient que les tourbillons pour objet. (p. 128).

Je vous demande grâce, je me rends. Vous m'accablez de mondes et de tourbillons (p. 146).

Ces multiples extases de la pensée témoignent d'un singulier mérite, et le savant en réclame son dû : « Je vous demande seulement pour récompense de mes peines, de ne voir jamais le soleil, ni le ciel, ni les étoiles, sans songer à moi » (p. 157), ce qui, on en conviendra, n'est pas une exigence particulièrement modeste.

LES EFFETS SURPRENANTS DE L'ASTRONOMIE

Les voluptés nouvelles de la raison ne sont pas toujours sans risque pour la Marquise : on a vu comment Fontenelle lui faisait retrouver l'inquiétude pascalienne face au vertige de l'infini. Mais, à mieux l'écouter, le discours de la Marquise ne dit-il pas en fait bien autre chose que cette angoisse qui pour Pascal devait entraîner la conversion du libertin ? « ... voilà l'univers si grand que je m'y perds, je ne sais plus où je suis, je ne suis plus rien [...] Cela me confond, me trouble, m'épouvante » (p. 142).

Ce sont presque les mêmes termes que chez Pascal (« ... je m'effraie et m'étonne de me voir ici plutôt que là [1] ») et pourtant leurs harmoniques sont tout autres. Ce « je » qui s'étonne devant l'infini, ce n'est plus le Moi impersonnel de l'apologétique mais une subjectivité intime qui, littéralement tombée des nues, ne se reconnaît plus elle-même. À prendre en considération les connotations virtuellement érotiques du mot « trouble », comment ne pas entendre en cette confusion des sentiments les mots mêmes que Marivaux retrouvera pour évoquer la « surprise de l'amour » :

– Oh ! je m'y perds, Madame, je n'y comprends plus rien.

---

1. Pascal, *Pensées* (Br. 205).

– Ni moi non plus : je ne sais plus où j'en suis [1][...].

Je m'y perds, la tête me tourne, je ne sais plus où je suis [2].

C'était un mélange de trouble, de plaisir et de peur [3].

Étrange analogie entre les pouvoirs de la science et ceux de l'amour, qui prouve que les effets de l'astronomie peuvent être tout aussi surprenants que ceux de la sympathie [4]. L'expérience du savoir, comme celle de l'amour, aboutit à un égarement mais, pas plus que chez Marivaux, cet égarement ne saurait ici se confondre avec le sentiment pascalien du néant ; il est même presque son contraire : seul moyen d'accès à la conscience de soi (le sentiment de l'existence étant intimement lié à ses états d'absence à soi-même), il porte en lui, virtuellement, la découverte du plaisir d'être et de penser.

Le Philosophe invite la Marquise à reconnaître en ce sentiment une authentique volupté où l'esprit, prenant les dimensions de l'univers, doit découvrir l'ivresse baudelairienne de s'y mouvoir avec agilité [5] (« il me semble que je respire avec plus de liberté, et que je suis dans un plus grand Air »), et éprouver l'infinité du monde comme la promesse de jouissances intellectuelles toujours renouvelées. C'est-à-dire en conformité parfaite avec les exigences mêmes de la Marquise : « Faites que la philosophie me fournisse toujours des plaisirs nouveaux » (p. 139).

---

1. *La Seconde Surprise de l'amour*, acte III, scène 12 (1727).
2. *Le Prince travesti*, acte II, scène 5 (1724).
3. *La Vie de Marianne*, seconde partie (1734).
4. *Les Effets surprenants de la sympathie* est le titre d'un roman de jeunesse de Marivaux publié en 1714.
5. Le deuxième quatrain du poème « Élévation » décrit un plaisir de la pensée assez analogue à ce qu'évoque tout le paragraphe de Fontenelle : « Mon esprit, tu te meus avec agilité, / [...] / Tu sillonnes gaiement l'immensité profonde / Avec une indicible et mâle volupté. » (Baudelaire, *Les Fleurs du mal*.)

LES MATHÉMATIQUES ET L'AMOUR

On trouve dans les *Entretiens* une autre analogie, parfaitement explicite celle-là, entre la science et l'érotisme :

> ... puisque nous sommes en humeur de mêler toujours des folies de galanterie à nos discours les plus sérieux, les raisonnements de mathématique sont faits comme l'amour. Vous ne sauriez accorder si peu de chose à un amant que bientôt après il ne faille lui en accorder davantage, et à la fin cela va loin. De même accordez à un mathématicien le moindre principe, il va vous en tirer une conséquence, qu'il faudra que vous lui accordiez aussi, et de cette conséquence encore une autre ; et malgré vous-même, il vous mène si loin, qu'à peine le pouvez-vous croire. Ces deux sortes de gens-là prennent toujours plus qu'on ne leur donne (p. 144-145).

Le plus surprenant dans cette analogie, tout à fait essentielle dans les *Entretiens*, c'est peut-être la position du comparant et du comparé. On ne s'étonnerait guère en effet de trouver, quelques décennies plus tard, des comparaisons analogues dans la bouche de libertins développant, à partir d'un modèle mathématique, un art cynique de la séduction. Le fait que l'analogie soit ici en sens contraire la rend fort troublante et engage des implications à vrai dire presque inverses : loin que l'amour, délesté de tout affect, soit réduit à un exercice de pure spéculation, c'est la démonstration intellectuelle qui se trouve investie d'une énergie proprement sexuelle.

Où l'on voit d'abord que c'est beaucoup moins le contenu de la pensée qui, chez Fontenelle, fait naître le plaisir, que son processus lui-même dans sa dimension d'argumentation logique et de démonstration déductive. Au point qu'il soit possible de décrire le raisonnement sur le modèle d'un scénario érotique. Mais la déduction vaut surtout comme pratique de la persuasion : elle n'est source de volupté que si elle permet une capture du désir de l'autre, une authentique séduction conduisant la

Marquise (c'est-à-dire, idéalement, le lecteur lui-
même) à éprouver un véritable « transport », et à
faire l'expérience de quelque chose qu'elle n'a pas
même imaginé (« à peine le pouvez-vous croire »).
Une expérience qui dépasse les possibilités entre-
vues par le désir, n'est-ce pas la définition même
de la jouissance ?

Que les *Entretiens* de Fontenelle aient été un
texte fondateur pour la pensée des Lumières, c'est
ce qui a été affirmé dès le XVIIIᵉ siècle : l'âge ency-
clopédique ne pouvait que rendre hommage à celui
qui avait proclamé le droit de la raison critique à
examiner toute croyance et tout préjugé. Il faudrait
pourtant se demander dans quelle mesure les
Lumières ne se sont pas efforcées de dénouer les
liens (si essentiels dans l'œuvre de Fontenelle)
unissant plaisir et savoir, aussi bien dans la dif-
fusion des connaissances que dans la pratique du
libertinage. Rappelons d'abord la parodie voltai-
rienne des *Entretiens* dans *Micromégas* :

> Il faut avouer, dit Micromégas, que la nature est bien
> variée. – Oui, dit le Saturnien, la nature est [...] comme
> une assemblée de blondes et de brunes, dont les
> parures... – Eh ! qu'ai-je à faire de vos brunes ? dit
> l'autre. – Elle est donc comme une galerie de peintures
> dont les traits... – Eh non ! dit le voyageur ; encore une
> fois, la nature est comme la nature. Pourquoi lui cher-
> cher des comparaisons ? – Pour vous plaire, répondit le
> secrétaire. – *Je ne veux point qu'on me plaise,* répondit
> le voyageur ; *je veux qu'on m'instruise* [1].

À cette dernière formule pourrait faire écho le
principe du libertinage tel qu'il est énoncé dans
Les Liaisons dangereuses par la Merteuil, marquise d'un nouveau genre : « ... je ne désirais pas

---

1. Voltaire, *Micromégas* (chapitre 2). Nous soulignons
(voir dossier p. 215-216).

de jouir, je voulais savoir [1] ». Notons la remarquable identité de ces exigences didactiques : de la pédagogie au libertinage, nul dévoiement, mais un simple changement de voix, au sens purement grammatical du terme... Car dans les deux cas, seul importe le souci d'instaurer une disjonction radicale entre *libido sciendi* et *libido sentiendi* : la non-jouissance étant présentée comme condition du savoir, celui-ci doit fonder désormais (et sans doute pour longtemps) sa légitimité sur l'exclusion de l'idée même de plaisir.

---

1. Laclos, *Les Liaisons dangereuses*, lettre LXXXI. On pourrait cependant retrouver l'affirmation d'une érotique de la pensée dans le libertinage, chez Sade. Voir sur ce point les analyses de Sophie de Mijolla-Mellor dans *Le Plaisir de la pensée* (P.U.F., « Bibliothèque de psychanalyse », 1992) : « Érotisme de tête et sexualisation de la pensée », p. 289-305.

Entretiens
sur la pluralité des mondes

———

Note sur l'établissement du texte : Trente-trois éditions des *Entretiens sur la pluralité des mondes* parurent du vivant de Fontenelle. Conformément au parti adopté par Alexandre Calame pour son édition critique (Société des Textes français modernes, 1966), nous avons choisi la dernière édition du texte revue par Fontenelle, parue au tome II des *Œuvres de M. de Fontenelle* chez Bernard Brunet fils, en 1742. On trouvera en note quelques-unes des variantes qui nous ont semblé les plus significatives. La ponctuation originale a été respectée, sauf en cas d'erreurs typographiques manifestes ou lorsqu'un trop grand écart avec l'usage moderne risquait de perturber la compréhension du texte. L'orthographe a été modernisée.

PRÉFACE

Je suis à peu près dans le même cas où se trouva Cicéron, lorsqu'il entreprit de mettre en sa langue des matières de philosophie, qui jusque-là n'avaient été traitées qu'en grec. Il nous apprend qu'on disait que ses ouvrages seraient fort inutiles, parce que ceux qui aimaient la philosophie s'étant bien donné la peine de la chercher dans les livres grecs, négligeraient après cela de la voir dans les livres latins, qui ne seraient pas originaux, et que ceux qui n'avaient pas de goût pour la philosophie ne se souciaient de la voir ni en latin, ni en grec [1].

À cela il répond qu'il arriverait tout le contraire, que ceux qui n'étaient pas philosophes seraient tentés de le devenir par la facilité de lire les livres latins ; et que ceux qui l'étaient déjà par la lecture des livres grecs seraient bien aises de voir comment ces choses-là avaient été maniées en latin.

Cicéron avait raison de parler ainsi. L'excellence de son génie et la grande réputation qu'il avait déjà acquise [2] lui garantissaient le succès de cette nouvelle sorte d'ou-

---

1. Fontenelle se réfère au passage suivant des *Académiques* de Cicéron : « Mais enfin ayant considéré que toute la philosophie se trouvait déjà traitée à fond dans les auteurs grecs, j'en ai conclu que ceux d'entre les nôtres, qui auraient du goût pour ces matières, et aussi quelques teintures de lettres grecques, s'attacheraient plutôt aux originaux qu'à nos copies ; et que ceux qui ne se sentiraient absolument aucun attrait pour ces sortes de choses, en auraient encore moins pour des traductions, qu'ils ne sauraient bien entendre sans le secours du grec. Ainsi je n'ai pas voulu m'amuser à faire des livres, où les ignorants ne comprendraient rien, et où les savants ne jetteraient pas même les yeux » (Livre I, chap. 2, trad. David Durand, 1796).
2. Les *Académiques* sont une œuvre tardive de Cicéron écrite en 45 av. J.-C., soit deux ans avant sa mort.

vrages qu'il donnait au public ; mais moi, je suis bien éloigné d'avoir les mêmes sujets de confiance dans une entreprise presque pareille à la sienne. J'ai voulu traiter la philosophie [1] d'une manière qui ne fût point philosophique ; j'ai tâché de l'amener à un point où elle ne fût ni trop sèche pour les gens du monde, ni trop badine pour les savants [2]. Mais si on me dit à peu près comme à Cicéron, qu'un pareil ouvrage n'est propre ni aux savants qui n'y peuvent rien apprendre, ni aux gens du monde qui n'auront point d'envie d'y rien apprendre, je n'ai garde de répondre ce qu'il répondit. Il se peut bien faire qu'en cherchant un milieu où la philosophie convînt à tout le monde, j'en aie trouvé un où elle ne convienne à personne ; les milieux sont trop difficiles à tenir, et je ne crois pas qu'il me prenne envie de me mettre une seconde fois dans la même peine.

Je dois avertir ceux qui liront ce livre, et qui ont quelque connaissance de la physique [3], que je n'ai point du tout prétendu les instruire, mais seulement les divertir [4] en leur présentant d'une manière un peu plus agréable et plus égayée ce qu'ils savent déjà plus solidement ; et j'avertis ceux pour qui ces matières sont nouvelles que j'ai cru pouvoir les instruire et les divertir tout ensemble. Les premiers iront contre mon intention, s'ils cherchent ici de l'utilité ; et les seconds, s'ils n'y cherchent que de l'agrément.

Je ne m'amuserai [5] point à dire que j'ai choisi dans toute la philosophie la matière la plus capable de piquer

---

1. Au XVIIᵉ siècle, cette notion recouvre un champ très large comme l'indique la définition du *Dictionnaire de l'Académie* de 1694 : « Science qui consiste à connaître les choses par leurs causes et leurs effets. On divise la philosophie en quatre parties, logique, morale, physique et métaphysique. »
2. Au sens large d'érudit, sans spécification à un domaine particulier de la connaissance.
3. Le terme désigne alors la partie de la philosophie qui a pour objet la connaissance des causes naturelles en général.
4. Fontenelle reprend ici les termes quasi obligés de toute préface à l'âge classique : divertir (*placere*) et instruire (*docere*).
5. Je ne perdrai pas mon temps à... (« Amuser : arrêter inutilement, faire perdre le temps, repaître de vaines espérances », *Dictionnaire de l'Académie*, 1694).

la curiosité. Il semble que rien ne devrait nous intéresser davantage que de savoir comment est fait ce monde que nous habitons, s'il y a d'autres mondes semblables, et qui soient habités aussi ; mais après tout, s'inquiète de tout cela qui veut. Ceux qui ont des pensées à perdre, les peuvent perdre sur ces sortes de sujets ; mais tout le monde n'est pas en état de faire cette dépense inutile.

J'ai mis dans ces entretiens une femme que l'on instruit, et qui n'a jamais ouï parler de ces choses-là. J'ai cru que cette fiction me servirait et à rendre l'ouvrage plus susceptible d'agrément, et à encourager les dames par l'exemple d'une femme qui, ne sortant jamais des bornes d'une personne qui n'a nulle teinture de science [1], ne laisse pas d'entendre [2] ce qu'on lui dit, et de ranger dans sa tête sans confusion les tourbillons [3] et les mondes. Pourquoi des femmes céderaient-elles [4] à cette marquise imaginaire, qui ne conçoit que ce qu'elle ne peut se dispenser de concevoir [5] ?

À la vérité, elle s'applique un peu, mais qu'est-ce ici que s'appliquer ? Ce n'est pas pénétrer à force de méditation une chose obscure d'elle-même, ou expliquée obscurément, c'est seulement ne point lire sans se représenter nettement ce qu'on lit. Je ne demande aux dames pour

---

1. Fontenelle tient à préciser d'emblée que sa Marquise n'est pas une « femme savante » (rappelons que la première représentation de la comédie de Molière eut lieu en 1672).
2. N'entend pas moins, comprend pourtant ce qu'on lui dit.
3. Le terme « tourbillon » (*vortex* en latin) appartient à la physique cartésienne : il apparaît dans ses *Principes de la philosophie* à propos de la formation des étoiles : « Elles ont composé autant de différents tourbillons (je me servirai dorénavant de ce mot pour signifier toute la manière qui tourne ainsi en rond autour de chacun de ces centres) qu'il y a maintenant d'astres dans le monde. » (III, art. 46.) Voir la définition que Fontenelle donne de ce terme dans le Quatrième Soir (p. 128) ; voir également le dossier, p. 195 sq.
4. Seraient-elles inférieures.
5. Dans *La Logique ou l'Art de penser*, Arnaud et Nicole donnent cette définition : « On appelle *concevoir* la simple vue que nous avons des choses qui se présentent à notre esprit, comme lorsque nous nous représentons un soleil, une terre, un arbre... » (éd. de 1683, p. 55). Fontenelle affirme donc que ces *Entretiens* n'exigent rien d'autre que la mobilisation de cette faculté de représentation, supposée naturelle et commune à tous les humains.

tout ce système de philosophie, que la même application qu'il faut donner à *La Princesse de Clèves* [1], si on veut en suivre bien l'intrigue, et en connaître toute la beauté. Il est vrai que les idées de ce livre-ci sont moins familières à la plupart des femmes que celles de *La Princesse de Clèves*, mais elles n'en sont pas plus obscures, et je suis sûr qu'à une seconde lecture tout au plus, il ne leur en sera rien échappé [2].

Comme je n'ai pas prétendu faire un système en l'air, et qui n'eût aucun fondement, j'ai employé de vrais raisonnements de physique [3], et j'en ai employés autant qu'il a été nécessaire. Mais il se trouve heureusement dans ce sujet que les idées de physique y sont riantes [4] d'elles-mêmes, et que dans le même temps qu'elles contentent la raison, elles donnent à l'imagination un spectacle qui lui plaît autant que s'il était fait exprès pour elle [5].

Quand j'ai trouvé quelques morceaux qui n'étaient pas tout à fait de cette espèce, je leur ai donné des ornements étrangers. Virgile en a usé ainsi dans ses *Géorgiques* [6], où il sauve le fond de sa matière, qui est tout à fait sèche, par des digressions fréquentes et souvent fort agréables. Ovide même en a fait autant dans *L'Art d'aimer* [7],

---

1. Le roman de Mme de Lafayette parut en 1678. Fontenelle lui consacra un article dans le *Mercure* de mai 1678. Dans la lettre-préface à ses *Principes*, Descartes écrivait : « je voudrais qu'on parcourût mon livre d'abord tout entier, ainsi qu'un roman... ».
2. Nouvel écho à la lettre-préface des *Principes* de Descartes : « [...] Si on reprend le livre pour la troisième fois, j'ose croire qu'on y trouvera la solution de la plupart des difficultés qu'on aura marquées auparavant... ».
3. Ces « vrais raisonnements » sont, pour l'essentiel, empruntés à la physique cartésienne.
4. À la fois gracieuses et plaisantes.
5. On remarquera que, contrairement à une longue tradition, le couple raison et imagination n'est, en général, nullement antagoniste chez Fontenelle.
6. *Les Géorgiques* de Virgile (70-19 av. J.-C.) sont un poème didactique ayant pour thème la vie des champs. Mais il ne s'agit nullement d'un guide pratique d'agriculture, et les digressions philosophiques y sont nombreuses.
7. *L'Art d'aimer* d'Ovide (43 av. J.-C.-17 apr. J.-C.) est un recueil de poèmes à la fois parodiques et didactiques sur l'art de la séduction,

quoique le fond de sa matière fût infiniment plus agréable que tout ce qu'il y pouvait mêler. Apparemment il a cru qu'il était ennuyeux de parler toujours d'une même chose, fût-ce de préceptes de galanterie [1]. Pour moi qui avais plus de besoin que lui du secours des digressions, je ne m'en suis pourtant servi qu'avec assez de ménagement [2]. Je les ai autorisées par la liberté naturelle de la conversation [3] ; je ne les ai placées que dans des endroits où j'ai cru qu'on serait bien aise de les trouver ; j'en ai mis la plus grande partie dans les commencements de l'ouvrage, parce qu'alors l'esprit n'est pas encore assez accoutumé aux idées principales que je lui offre ; enfin je les ai prises dans mon sujet même, ou assez proches de mon sujet.

Je n'ai rien voulu imaginer sur les habitants des mondes, qui fût entièrement impossible et chimérique [4]. J'ai tâché de dire tout ce qu'on en pouvait penser raisonnablement [5], et les visions [6] même que j'ai ajoutées à cela, ont quelque fondement réel. Le vrai et le faux sont mêlés ici, mais ils y sont toujours aisés à distinguer. Je n'entreprends point de justifier un composé si bizarre, c'est là le point le plus important de cet ouvrage, et c'est cela justement dont je ne puis rendre raison [7].

---

avec de fréquentes digressions sur la vie et les mœurs à Rome (le cirque, le théâtre, le banquet, etc.).

1. Au XVIIᵉ siècle, le terme peut désigner aussi bien les marques de respect dues aux femmes que l'art de les séduire, ou encore le commerce amoureux en général.

2. Modération.

3. L'idée d'une liberté propre à la conversation est un lieu commun de l'époque. Sur cette question, voir l'introduction de D.-J. Adams à sa *Bibliographie d'ouvrages français en forme de dialogue (1700-1750)*, Londres, 1992.

4. On remarquera la distinction que Fontenelle établit entre la notion d'imagination et celle de chimère. Les chimères sont, selon le *Dictionnaire de l'Académie* de 1694, des « imaginations vaines et sans fondement ».

5. De manière générale dans *Les Entretiens*, il faut entendre le mot « raison » et ses dérivés au sens fort de faculté rationnelle. Ici, l'adverbe signifie : conformément aux lois de la raison et de la logique.

6. Chimères, extravagances. Fontenelle insiste donc sur le fait que même ses spéculations les plus chimériques sont fondées sur des bases rationnelles.

7. Que je ne peux expliquer.

Il ne me reste plus dans cette préface qu'à parler à une sorte de personnes, mais ce seront peut-être les plus difficiles à contenter, non que l'on n'ait à leur donner de fort bonnes raisons, mais parce qu'ils[1] ont le privilège de ne pas se payer, si ils ne le veulent, de toutes les raisons qui sont bonnes[2]. Ce sont les gens scrupuleux[3], qui pourront s'imaginer qu'il y a du danger par rapport à la religion, à mettre des habitants ailleurs que sur la Terre. Je respecte jusqu'aux délicatesses excessives que l'on a sur le fait de la religion, et celle-là même je l'aurais respectée au point de ne la vouloir pas choquer dans cet ouvrage, si elle était contraire à mon sentiment ; mais ce qui va peut-être vous paraître surprenant, elle ne regarde pas seulement[4] ce système, où je remplis d'habitants une infinité de mondes[5]. Il ne faut que démêler une petite erreur d'imagination. Quand on vous dit que la Lune est habitée, vous vous y représentez aussitôt des hommes faits comme nous, et puis, si vous êtes un peu théologien, vous voilà plein de difficultés. La postérité d'Adam n'a pas pu s'étendre jusque dans la Lune, ni envoyer des colonies en ce pays-là. Les hommes qui sont dans la Lune ne sont donc pas fils d'Adam. Or il serait embarrassant dans la théologie, qu'il y eût des hommes qui ne descendissent pas de lui. Il n'est pas besoin d'en dire davantage, toutes les difficultés imaginables se réduisent à cela, et les termes qu'il faudrait employer dans une plus longue explication sont trop dignes de respect pour être mis dans un livre aussi peu grave que celui-ci. L'objection roule

---

1. L'accord en genre et en nombre avec l'antécédent était beaucoup plus libre dans la langue classique que dans l'usage moderne

2. Jeu sur l'expression « payer de raison » qui signifiait donner de bonnes raisons. Les théologiens ont le privilège de refuser même (et surtout...) les bonnes raisons.

3. Très exigeants, voire tatillons. L'adjectif s'employait le plus souvent en matière de religion ou de morale.

4. Pas même.

5. Phrase complexe dont le sens général est le suivant : « Même si je n'avais pas été d'accord avec ce scrupule, j'aurais supprimé les habitants des mondes pour ne pas choquer la religion. Mais ce scrupule est de toute façon déplacé. » Fontenelle se justifie par un distinguo subtil qui n'empêcha pas son œuvre de scandaliser La Bruyère par exemple. Voir note 4, p. 28 de la présentation.

donc tout entière[1] sur les hommes de la Lune, mais ce sont ceux qui la font, à qui il plaît de mettre des hommes dans la Lune ; moi, je n'y en mets point. J'y mets des habitants qui ne sont point du tout des hommes ; que sont-ils donc ? je ne les ai point vus, ce n'est pas pour les avoir vus que j'en parle. Et ne soupçonnez pas que ce soit une défaite[2] dont je me serve pour éluder votre objection que de dire qu'il n'y a point d'hommes dans la Lune, vous verrez qu'il est impossible qu'il y en ait selon l'idée que j'ai de la diversité infinie que la nature doit avoir mise dans ses ouvrages. Cette idée règne dans tout le livre, et elle ne peut être contestée d'aucun philosophe. Ainsi je crois que je n'entendrai faire cette objection qu'à ceux qui parleront de ces entretiens sans les avoir lus. Mais est-ce un sujet de me rassurer ? Non, c'en est un au contraire très légitime de craindre que l'objection ne me soit faite de bien des endroits[3].

---

1. Ne porte donc que...
2. Excuse artificieuse, mauvaise raison.
3. Par bien des personnes. De 1687 à 1703, la préface ajoute : « On trouvera dans cette nouvelle édition, outre quelques augmentations semées dans le corps du livre, un nouvel entretien, où j'ai ramassé des raisonnements, que je n'avais pas employés dans les autres entretiens, et les dernières découvertes qui ont été faites dans le ciel, dont quelques-unes n'ont pas même encore été publiées. » Dans les éditions de 1708 et 1714, la préface est suivie d'un « Avertissement sur cette nouvelle édition » : « On y trouvera un grand nombre d'augmentations semées dans tout le livre, les distances, les grandeurs, les révolutions des corps célestes exprimées beaucoup plus précisément qu'elles ne l'avaient été dans les éditions précédentes, et selon le calcul de nos plus excellents astronomes, et en général tous les phénomènes du ciel conforme aux observations les plus exactes. On peut assurer les lecteurs que sur tous ces points-là ils peuvent autant se fier à ce livre, tel qu'il est présentement, que s'il était plus savant et plus profond. »

À Monsieur L...

Vous voulez, Monsieur, que je vous rende un compte exact de la manière dont j'ai passé mon temps à la campagne, chez Madame la Marquise de G... [1] Savez-vous bien que ce compte exact sera un livre ; et ce qu'il y a de pis, un livre de philosophie ? Vous vous attendez à des fêtes, à des parties de jeu ou de chasse, et vous aurez des planètes, des mondes, des tourbillons ; il n'a presque été question que de ces choses-là. Heureusement vous êtes philosophe [2], et vous ne vous en moquerez pas tant qu'un autre. Peut-être même serez-vous bien aise que j'aie attiré Madame la Marquise dans le parti de la philosophie [3]. Nous ne pouvons faire une acquisition plus considérable ; car je compte que la beauté et la jeunesse sont toujours des choses d'un grand prix. Ne croyez-vous pas que si la sagesse elle-même voulait se présenter aux hommes avec succès, elle ne ferait point mal de paraître sous une figure qui approchât un peu de celle de la Mar-

---

1. En dépit de l'insistance de Fontenelle sur le caractère fictif de son personnage (voir p. 51), les amateurs de clefs identifient traditionnellement la Marquise de G... à la marquise de la Mésangère (1658-1714) née Marguerite de Rambouillet, fille de Madame de La Sablière.
2. « Qui s'applique à l'étude des sciences, et qui cherche à connaître les effets par leurs causes et par leurs principes » (*Dictionnaire de l'Académie*, 1694).
3. Voir note 1, p. 50. Par cette expression de « parti de la philosophie », Fontenelle désigne l'ensemble de ceux qui manifestent un intérêt pour la science, par opposition à ceux qui restent prisonniers de l'ignorance ou de la superstition. Les connotations de cette formule ne sont donc pas encore aussi polémiques contre la religion et l'Église catholiques que lorsqu'elle sera reprise, un demi-siècle plus tard, par la génération encyclopédiste.

quise ? Surtout si elle pouvait avoir dans sa conversation les mêmes agréments, je suis persuadé que tout le monde courrait après la sagesse. Ne vous attendez pourtant pas à entendre des merveilles, quand je vous ferai le récit des entretiens que j'ai eus avec cette dame ; il faudrait presque avoir autant d'esprit qu'elle, pour répéter ce qu'elle dit de la manière dont elle l'a dit. Vous lui verrez seulement cette vivacité d'intelligence que vous lui connaissez. Pour moi, je la tiens savante, à cause de l'extrême facilité qu'elle aurait à le devenir. Qu'est-ce qui lui manque ? d'avoir ouvert les yeux sur des livres ; cela n'est rien, et bien des gens l'ont fait toute leur vie, à qui je refuserais, si j'osais, le nom de savants. Au reste, Monsieur, vous m'aurez une obligation [1]. Je sais bien qu'avant que d'entrer dans le détail des conversations que j'ai eues avec la Marquise, je serais en droit de vous décrire le château où elle était allée passer l'automne. On a souvent décrit des châteaux pour de moindres occasions ; mais je vous ferai grâce sur cela [2]. Il suffit que vous sachiez que quand j'arrivai chez elle, je n'y trouvai point de compagnie, et que j'en fus fort aise. Les deux premiers jours n'eurent rien de remarquable ; ils se passèrent à épuiser [3] les nouvelles de Paris d'où je venais, mais ensuite vinrent ces entretiens dont je veux vous faire part. Je vous les diviserai par soirs, parce qu'effectivement nous n'eûmes de ces entretiens que les soirs.

---

1. Dette morale à l'égard d'une personne dont a reçu un bienfait.
2. Cette ironie à l'égard des descriptions de châteaux est devenue fréquente durant la période classique, en réaction contre les grands romans baroques et précieux. Voir sur ce point l'article de Michelle Cuenin et Chantal Morlet-Chantalat : « Châteaux et romans au XVIIᵉ siècle », *XVIIᵉ siècle*, 1978, p. 118-119.
3. Faire le récit exhaustif de.

PREMIER SOIR

QUE LA TERRE EST UNE PLANÈTE QUI TOURNE SUR ELLE-MÊME, ET AUTOUR DU SOLEIL

Nous allâmes donc un soir après souper nous promener dans le parc. Il faisait un frais délicieux, qui nous récompensait [1] d'une journée fort chaude que nous avions essuyée [2]. La Lune était levée il y avait peut-être une heure, et ses rayons qui ne venaient à nous qu'entre les branches des arbres, faisaient un agréable mélange d'un blanc fort vif, avec tout ce vert qui paraissait noir. Il n'y avait pas un nuage qui dérobât ou qui obscurcît la moindre étoile, elles étaient toutes d'un or pur et éclatant, et qui était encore relevé par le fond bleu où elles sont attachées. Ce spectacle me fit rêver [3] ; et peut-être sans la Marquise eussé-je rêvé assez longtemps ; mais la présence d'une si aimable dame ne me permit pas de m'abandonner à la Lune et aux étoiles. Ne trouvez-vous pas, lui dis-je, que le jour même n'est pas si beau qu'une belle nuit [4] ; oui, me répondit-elle, la beauté du jour est comme une beauté blonde qui a plus de brillant ; mais la

---

1. « Dédommager, réparer les pertes passées » (*Dictionnaire* de Furetière, 1690).
2. Dans la première édition de 1686, on pouvait lire ici la phrase suivante : « Je sens, Monsieur, que je vais vous faire une description, mais il n'y a pas moyen de vous l'épargner, la chose m'y porte nécessairement. » Sur cette réticence devant la description, voir note 2, p. 58.
3. Fontenelle joue de l'ambiguïté du terme dans la langue classique, qui peut signifier aussi bien « dire ou penser des choses extravagantes » que « penser, méditer profondément sur quelque chose » (*Dictionnaire de l'Académie*, 1694).
4. Sur cette formule très racinienne, voir la présentation, p. 38.

beauté de la nuit est une beauté brune qui est plus touchante [1]. Vous êtes bien généreuse, repris-je, de donner cet avantage aux brunes, vous qui ne l'êtes pas. Il est pourtant vrai que le jour est ce qu'il y a de plus beau dans la nature, et que les héroïnes de romans, qui sont ce qu'il y a de plus beau dans l'imagination, sont presque toujours blondes. Ce n'est rien que la beauté, répliquat-elle, si elle ne touche. Avouez que le jour ne vous eût jamais jeté dans une rêverie aussi douce que celle où je vous ai vu près de tomber tout à l'heure à la vue de cette belle nuit. J'en conviens, répondis-je ; mais en récompense [2], une blonde comme vous me ferait encore mieux rêver que la plus belle nuit du monde, avec toute sa beauté brune. Quand cela serait vrai, répliqua-t-elle, je ne m'en contenterais pas. Je voudrais que le jour, puisque les blondes doivent être dans ses intérêts, fît aussi le même effet. Pourquoi les amants, qui sont bons juges de ce qui touche, ne s'adressent-ils jamais qu'à la nuit dans toutes les chansons et dans toutes les élégies [3] que je connais ? Il faut bien que la nuit ait leurs remerciements, lui dis-je ; mais, reprit-elle, elle a aussi toutes leurs plaintes. Le jour ne s'attire point leurs confidences ; d'où cela vient-il ? C'est apparemment, répondis-je, qu'il n'inspire point je ne sais quoi de triste et de passionné. Il semble pendant la nuit que tout soit en repos. On s'imagine que les étoiles marchent avec plus de silence que le soleil, les objets que le ciel présente sont plus doux, la vue s'y arrête plus aisément ; enfin on en rêve mieux, parce qu'on se flatte d'être alors dans toute la nature la seule personne occupée à rêver. Peut-être aussi que le spectacle du jour est trop uniforme, ce n'est qu'un soleil, et une [4] voûte bleue, mais il se peut que la vue de toutes ces étoiles semées confusément, et disposées au hasard en mille figures différentes, favorise la rêverie, et

---

1. C'est à l'encontre de ces images typiquement néoprécieuses que Voltaire exerce son ironie dans *Micromégas*. Voir dossier, p. 216.
2. En revanche.
3. « Poème propre à représenter des choses tristes, ou amoureuses » (*Dictionnaire* de Richelet, 1680).
4. *Un* et *une* ont ici la valeur non de l'article indéfini mais de l'adjectif numéral : un(e) seul(e).

un certain désordre de pensées où l'on ne tombe point sans plaisir. J'ai toujours senti ce que vous me dites, reprit-elle, j'aime les étoiles, et je me plaindrais volontiers du soleil qui nous les efface. Ah ! m'écriai-je, je ne puis lui pardonner de me faire perdre de vue tous ces mondes. Qu'appelez-vous tous ces mondes ? me dit-elle, en me regardant, et en se tournant vers moi. Je vous demande pardon, répondis-je. Vous m'avez mis sur ma folie[1], et aussitôt mon imagination s'est échappée. Quelle est donc cette folie ? reprit-elle. Hélas ! répliquai-je, je suis bien fâché qu'il faille vous l'avouer, je me suis mis dans la tête que chaque étoile pourrait bien être un monde. Je ne jurerais pourtant pas que cela fût vrai, mais je le tiens pour vrai, parce qu'il me fait plaisir à croire. C'est une idée qui me plaît, et qui s'est placée dans mon esprit d'une manière riante. Selon moi, il n'y a pas jusqu'aux vérités à qui l'agrément ne soit nécessaire. Eh bien, reprit-elle, puisque votre folie est si agréable, donnez-la-moi, je croirai sur les étoiles tout ce que vous voudrez, pourvu que j'y trouve du plaisir. Ah ! Madame, répondis-je bien vite, ce n'est pas un plaisir comme celui que vous auriez à une comédie de Molière ; c'en est un qui est je ne sais où dans la raison, et qui ne fait rire que l'esprit. Quoi donc, reprit-elle, croyez-vous qu'on soit incapable des plaisirs qui ne sont que dans la raison ? Je veux tout à l'heure[2] vous faire voir le contraire, apprenez-moi vos étoiles. Non, répliquai-je, il ne me sera point reproché que dans un bois, à dix heures du soir, j'aie parlé de philosophie à la plus aimable personne que je connaisse. Cherchez ailleurs vos philosophes.

J'eus beau me défendre encore quelque temps sur ce ton-là, il fallut céder. Je lui fis du moins promettre pour mon honneur, qu'elle me garderait le secret, et quand je fus hors d'état de m'en pouvoir dédire, et que je voulus parler, je vis que je ne savais pas où commencer mon discours ; car avec une personne comme elle, qui ne savait rien en matière de physique, il fallait prendre les

---

1. « Passion excessive ou déréglée pour quelque chose » (*Dictionnaire de l'Académie*, 1694).
2. Immédiatement.

choses de bien loin, pour lui prouver que la Terre pouvait être une planète, et les planètes autant de terres, et toutes les étoiles autant de soleils qui éclairaient des mondes. J'en revenais toujours à lui dire qu'il aurait mieux valu s'entretenir de bagatelles, comme toute personne raisonnable aurait fait en notre place [1]. À la fin cependant, pour lui donner une idée générale de la philosophie, voici par où je commençai.

Toute la philosophie, lui dis-je, n'est fondée que sur deux choses, sur ce qu'on a l'esprit curieux et les yeux mauvais ; car si vous aviez les yeux meilleurs, que vous ne les avez, vous verriez bien si les étoiles sont des soleils qui éclairent autant de mondes, ou si elles n'en sont pas ; et si d'un autre côté vous étiez moins curieuse, vous ne vous soucieriez pas de le savoir, ce qui reviendrait au même ; mais on veut savoir plus qu'on ne voit, c'est là la difficulté. Encore, si ce qu'on voit, on le voyait bien, ce serait toujours autant de connu, mais on le voit tout autrement qu'il n'est. Ainsi les vrais philosophes passent leur vie à ne point croire ce qu'ils voient, et à tâcher de deviner ce qu'ils ne voient point, et cette condition n'est pas, ce me semble, trop à envier. Sur cela je me figure toujours que la nature est un grand spectacle qui ressemble à celui de l'Opéra [2]. Du lieu où vous êtes à l'Opéra, vous ne voyez pas le théâtre [3] tout à fait comme il est ; on a disposé les décorations et les machines [4], pour faire de loin un effet agréable, et on cache à votre vue ces roues et ces contrepoids qui font tous les mouvements. Aussi ne vous embarrassez-vous guère de deviner comment tout cela joue. Il n'y a peut-être que quelque

---

1. On remarquera le goût du paradoxe chez Fontenelle, qui prend souvent la forme de ce que La Motte, familier de Fontenelle, baptisa l'« alliance de mots », c'est-à-dire le jeu sur le rapprochement de termes a priori contradictoires (ici « bagatelles » et « raisonnable »).
2. Fontenelle ne prend pas le terme comme nom commun mais comme nom propre désignant l'Opéra de Paris, fondé en 1669.
3. L'espace où jouent (et chantent) les acteurs : la scène.
4. Moyens mécaniques par lesquels sont produits, au théâtre ou à l'opéra, les effets qui donnent aux spectateurs l'illusion du merveilleux. Les pièces à machines étaient très appréciées au XVIIᵉ siècle.

machiniste caché dans le parterre [1], qui s'inquiète d'un
vol qui lui aura paru extraordinaire et qui veut absolument
démêler comment ce vol a été exécuté. Vous voyez bien
que ce machiniste-là est assez fait comme les philosophes. Mais ce qui, à l'égard des philosophes, augmente
la difficulté, c'est que dans les machines que la nature
présente à nos yeux, les cordes sont parfaitement bien
cachées, et elles le sont si bien qu'on a été longtemps à [2]
deviner ce qui causait les mouvements de l'univers. Car
représentez-vous tous les sages à l'Opéra, ces Pythagore,
ces Platon, ces Aristote, et tous ces gens dont le nom fait
aujourd'hui tant de bruit à nos oreilles ; supposons qu'ils
voyaient le vol de Phaéton [3] que les vents enlèvent, qu'ils
ne pouvaient découvrir les cordes, et qu'ils ne savaient
point comment le derrière du théâtre était disposé. L'un
d'eux disait : *C'est une certaine vertu secrète qui enlève
Phaéton.* L'autre : *Phaéton est composé de certains
nombres qui le font monter.* L'autre : *Phaéton a une certaine amitié pour le haut du théâtre ; il n'est point à son
aise quand il n'y est pas.* L'autre : *Phaéton n'est pas fait
pour voler, mais il aime mieux voler, que de laisser le
haut du théâtre vide* [4] ; et cent autres rêveries [5] que je
m'étonne qui [6] n'aient perdu de réputation toute l'Anti-

---

1. Rez-de-chaussée d'une salle de théâtre, où le public se tenait debout
et où les places étaient moins chères que dans les loges.
2. Qu'il a fallu beaucoup de temps pour...
3. *Phaéton*, tragédie lyrique en cinq actes de Quinault, sur une musique
de Lully, créée à l'Opéra en 1683, et dont le succès fut considérable.
L'envol de Phaéton sur le char du Soleil a lieu à l'acte III, scène 6.
4. Le grossissement satirique rend ces quatre propositions difficiles à
attribuer. La première parodie les explications, typiquement scolastiques, par le recours aux « qualités occultes », d'inspiration aristotélicienne (cf. l'ironie de Molière dans *Le Malade imaginaire* à propos de
la « vertu dormitive » de l'opium). La deuxième proposition est une
allusion ironique à la théorie des nombres chez Pythagore. La troisième
raille la physique aristotélicienne et sa théorie du lieu naturel. La dernière s'en prend une nouvelle fois à la physique scolastique en attaquant
cette fois-ci le dogme de l'horreur du vide.
5. Au sens, cette fois-ci, d'extravagances.
6. Tour fréquent jusqu'à la fin du XVIIᵉ siècle, où deux relatives ayant
le même support, mais dont la seconde est en même temps complément
de la première, pouvaient être imbriquées. Ce tour était rendu possible

quité. À la fin Descartes, et quelques autres modernes sont venus, qui ont dit : *Phaéton monte, parce qu'il est tiré par des cordes, et qu'un poids plus pesant que lui descend*. Ainsi on ne croit plus qu'un corps se remue, s'il n'est tiré, ou plutôt poussé par un autre corps ; on ne croit plus qu'il monte ou qu'il descende, si ce n'est par l'effet d'un contrepoids ou d'un ressort ; et qui verrait la nature telle qu'elle est, ne verrait que le derrière du théâtre de l'opéra. À ce compte, dit la Marquise, la philosophie est devenue bien mécanique [1] ? Si mécanique, répondis-je, que je crains qu'on en ait bientôt honte. On veut que l'univers ne soit en grand, que ce qu'une montre est en petit, et que tout s'y conduise par des mouvements réglés qui dépendent de l'arrangement des parties [2]. Avouez la vérité. N'avez-vous pas eu quelquefois une idée plus sublime de l'univers, et ne lui avez-vous point fait plus d'honneur qu'il ne méritait ? J'ai vu des gens qui l'en estimaient moins, depuis qu'ils l'avaient connu. Et moi, répliqua-t-elle, je l'en estime beaucoup plus, depuis que je sais qu'il ressemble à une montre. Il est surprenant que l'ordre de la nature, tout admirable qu'il est, ne roule que sur des choses si simples.

Je ne sais pas, lui répondis-je, qui vous a donné des idées si saines ; mais en vérité, il n'est pas trop commun de les avoir. Assez de gens ont toujours dans la tête un

---

en raison d'une confusion entre *qui* relatif et la conjonction *que* + *il* : *qui* et *qu'il* avaient en effet la même prononciation.
1. Il y a sans doute ici un jeu sur le mot « mécanique », qui d'une part renvoie à la philosophie mécaniste de Descartes, et d'autre part pouvait signifier dans la langue familière « mesquin, sordide », notamment lorsqu'il était précédé de l'intensif « bien ». Les deux acceptions peuvent se recouper dans la mesure où tout ce passage des *Entretiens* semble répondre à la critique que le père Rochon faisait au système de Descartes dans sa *Lettre d'un philosophe à un cartésien* (1671). Pour lui, lire Descartes revenait à entrer « dans une boutique de serrurier ».
2. L'image de la montre ou de l'horloge est traditionnelle dans la philosophie mécaniste. Voir par exemple ces lignes de Johann Kepler : « la machine de l'univers est semblable à une horloge [...] et tous les mouvements variés y dépendent d'une simple force matérielle agissante, de même que tous les mouvements de l'horloge sont dus au pendule simple » (Kepler, *Opere*, éd. 1858, t. I, p. 176).

faux merveilleux [1] enveloppé d'une obscurité qu'ils respectent. Ils n'admirent la nature, que parce qu'ils la croient une espèce de magie où l'on n'entend rien ; et il est sûr qu'une chose est déshonorée auprès d'eux, dès qu'elle peut être conçue [2]. Mais, Madame, continuai-je, vous êtes si bien disposée à entrer dans tout ce que je veux vous dire, que je crois que je n'ai qu'à tirer le rideau, et à vous montrer le monde.

De la Terre où nous sommes, ce que nous voyons de plus éloigné, c'est ce ciel bleu, cette grande voûte où il semble que les étoiles sont attachées comme des clous. On les appelle fixes, parce qu'elles ne paraissent avoir que le mouvement de leur ciel, qui les emporte avec lui d'Orient en Occident. Entre la Terre et cette dernière voûte des cieux, sont suspendus à différentes hauteurs le Soleil, la Lune, et les cinq autres astres qu'on appelle des planètes, Mercure, Vénus, Mars, Jupiter et Saturne. Ces planètes n'étant point attachées à un même ciel, ayant des mouvements inégaux, elles se regardent diversement, et figurent diversement ensemble [3], au lieu que les étoiles fixes [4] sont toujours dans la même situation les unes à

---

1. Sur cette opposition implicite entre le « faux merveilleux » (c'est-à-dire les miracles, qui relèvent de la superstition) et le « vrai merveilleux » (les lois mécaniques qui régissent le fonctionnement de la nature), voir les analyses de J.-R. Carré : « La nature sans miracles. Le faux merveilleux et le merveilleux vrai de la nature » (dans *La Philosophie de Fontenelle ou le Sourire de la raison*, Paris, 1932, p. 298-319), et celles de Jean Ehrard dans *L'Idée de nature en France dans la première moitié du XVIIIᵉ siècle*, Paris, 1963 [1994], en particulier p. 73 sq.
2. Dès qu'elle est intelligible. Dans sa *Préface à l'utilité des mathématiques et de la physique, et sur les travaux de l'Académie des sciences* (1702), Fontenelle reprendra cette idée : « Souvent, pour mépriser la science naturelle, on se jette dans l'admiration de la nature, que l'on soutient absolument incompréhensible. La nature cependant n'est jamais si admirable ni si admirée que quand elle est connue ».
3. Forment ensemble diverses figures.
4. Dans la cosmologie pré-copernicienne, les « étoiles fixes » étaient ainsi nommées par opposition aux « astres errants » (le soleil et les planètes) : on les disait fixées sur la huitième sphère céleste et elles étaient censées faire leur révolution en un jour. À partir de Copernic, on définit les « étoiles fixes » comme des soleils ayant certes un mouvement de rotation sur eux-mêmes, mais pas de mouvement orbital.

l'égard des autres ; le chariot, par exemple, que vous voyez qui [1] est formé de ces sept étoiles, a toujours été fait comme il est, et le sera encore longtemps ; mais la Lune est tantôt proche du Soleil, tantôt elle en est éloignée, et il en va de même des autres planètes. Voilà comme les choses parurent à ces anciens bergers de Chaldée, dont le grand loisir produisit les premières observations, qui ont été le fondement de l'astronomie ; car l'astronomie est née dans la Chaldée [2], comme la géométrie naquit, dit-on, en Égypte, où les inondations du Nil, qui confondaient les bornes des champs, furent cause que chacun voulut inventer des mesures exactes pour reconnaître son champ d'avec celui de son voisin. Ainsi l'astronomie est fille de l'oisiveté, la géométrie est fille de l'intérêt, et s'il était question de la poésie, nous trouverions apparemment qu'elle est fille de l'amour.

Je suis bien aise, dit la Marquise, d'avoir appris cette généalogie des sciences, et je vois bien qu'il faut que je m'en tienne à l'astronomie. La géométrie, selon ce que vous me dites, demanderait une âme plus intéressée [3] que je ne l'ai, et la poésie en demanderait une plus tendre [4], mais j'ai autant de loisir que l'astronomie en peut demander. Heureusement encore nous sommes à la campagne, et nous y menons quasi une vie pastorale ; tout cela convient à l'astronomie. Ne vous y trompez pas, Madame, repris-je. Ce n'est pas la vraie vie pastorale, que de parler des planètes, et des étoiles fixes. Voyez si c'est à cela que les gens de *L'Astrée* [5] passent leur temps. Oh ! répondit-elle, cette sorte de bergerie-là est trop dange-

---

1. Sur ce tour, voir note 6, p. 63.
2. Les origines chaldéennes de l'astronomie sont une opinion traditionnelle depuis Platon, Aristote et Cicéron.
3. En quête d'avantages matériels.
4. Sensible à l'amour.
5. Roman baroque d'Honoré d'Urfé, *L'Astrée* (publié de 1607 à 1627) est le modèle du roman pastoral et, comme tel, il a profondément marqué l'imaginaire du XVIIe et du XVIIIe siècle. Fontenelle, qui a lui-même écrit des *Poésies pastorales* (1688), semble l'avoir particulièrement apprécié. On trouve en effet plusieurs références à cette œuvre dans les *Entretiens* alors que, depuis la publication de *La Princesse de Clèves,* elle était souvent considérée comme démodée.

reuse. J'aime mieux celles de ces Chaldéens dont vous me parliez. Recommencez un peu, s'il vous plaît, à me parler chaldéen. Quand on eut reconnu [1] cette disposition des cieux que vous m'avez dite, de quoi fut-il question ? Il fut question, repris-je, de deviner comment toutes les parties de l'univers devaient être arrangées, et c'est là ce que les savants appellent faire un système. Mais avant que je vous explique le premier des systèmes, il faut que vous remarquiez, s'il vous plaît, que nous sommes tous faits naturellement comme un certain fou athénien dont vous avez entendu parler, qui s'était mis dans la fantaisie que tous les vaisseaux, qui abordaient au port de Pirée, lui appartenaient [2]. Notre folie à nous autres, est de croire aussi que toute la nature, sans exception, est destinée à nos usages ; et quand on demande à nos philosophes, à quoi sert ce nombre prodigieux d'étoiles fixes, dont une partie suffirait pour faire ce qu'elles font toutes, ils vous répondent froidement qu'elles servent à leur réjouir la vue. Sur ce principe on ne manqua pas d'abord [3] de s'imaginer qu'il fallait que la Terre fût en repos au centre de l'univers, tandis que tous les corps célestes qui étaient faits pour elle, prendraient la peine de tourner alentour pour l'éclairer. Ce fut donc au-dessus de la Terre qu'on plaça la Lune ; et au-dessus de la Lune on plaça Mercure, ensuite Vénus, le Soleil, Mars, Jupiter, Saturne. Au-dessus de tout cela était le ciel des étoiles fixes. La Terre se trouvait justement au milieu des cercles que décrivent ces planètes, et ils étaient d'autant plus grands, qu'ils étaient plus éloignés de la Terre, et par conséquent les planètes plus éloignées employaient plus de temps à faire leur cours, ce qui effectivement est vrai. Mais je ne sais pas, interrompit la Marquise, pourquoi vous semblez n'approuver pas cet ordre-là dans l'univers ; il me paraît assez net, et assez intelligible, et pour moi je vous déclare que

---

1. Compris. En langue classique, « reconnaître » n'implique pas nécessairement que l'objet ait déjà été connu auparavant, mais seulement que la raison est parvenue par quelque signe à identifier cet objet, ou à le comprendre, comme ici.
2. Il s'agit de Thrasylle, personnage des *Histoires diverses* d'Elien (v. 170-v. 235).
3. Au premier abord.

je m'en contente. Je puis me vanter, répliquai-je, que je vous adoucis bien tout ce système. Si je vous le donnais tel qu'il a été conçu par Ptolémée son auteur [1], ou par ceux qui y ont travaillé après lui, il vous jetterait dans une épouvante horrible. Comme les mouvements des planètes ne sont pas si réguliers, qu'elles ne vont pas tantôt plus vite, tantôt plus lentement, tantôt en un sens, tantôt en un autre, et qu'elles ne sont quelquefois plus éloignées de la Terre, quelquefois plus proches : les Anciens avaient imaginé je ne sais combien de cercles différemment entrelacés les uns dans les autres, par lesquels ils sauvaient toutes ces bizarreries. L'embarras de tous ces cercles était si grand que dans un temps où l'on ne connaissait encore rien de meilleur, un roi de Castille, grand mathématicien, mais apparemment peu dévot [2], disait que si Dieu l'eût appelé à son conseil, quand il fit le monde, il lui eût donné de bons avis. La pensée est trop libertine ; mais cela même est assez plaisant, que ce système fût alors une occasion de péché, parce qu'il était trop confus. Les bons avis que ce roi voulait donner, regardaient [3] sans doute la suppression de tous ces cercles dont on avait embarrassé les mouvements célestes. Apparemment ils regardaient aussi une autre suppression de deux ou trois cieux superflus qu'on avait mis au-delà des étoiles fixes. Ces philosophes, pour expliquer une sorte de mouvement dans les corps célestes, faisaient, au-delà du dernier ciel que nous voyons, un ciel de cristal, qui imprimait ce mouvement aux cieux inférieurs. Avaient-ils nouvelle d'un autre mouvement ? C'était aussitôt un autre ciel de cristal. Enfin les cieux de cristal ne leur coûtaient rien. Et pourquoi ne les faisait-on que de cristal, dit la Marquise ? N'eussent-ils pas été bons de quelque autre matière ? Non, répondis-je, il fallait que la lumière

---

1. La doctrine de Claude Ptolémée (v. 100-v. 170) est exposée dans son livre l'*Almageste*.
2. Il s'agirait d'Alphonse X le Savant, roi de Castille et de León (1252-1284). Dans sa première édition, Fontenelle avait parlé d'un roi d'Aragon. C'est Pierre Bayle qui rectifia dans l'article des *Nouvelles de la République des lettres* reproduit dans le dossier, p. 200.
3. Visaient.

passât au travers ; et d'ailleurs [1], il fallait qu'ils fussent solides. Il le fallait absolument ; car Aristote avait trouvé que la solidité était une chose attachée à la noblesse de leur nature, et puisqu'il l'avait dit, on n'avait garde d'en douter [2]. Mais on a vu des comètes qui, étant plus élevées qu'on ne croyait autrefois, briseraient tout le cristal des cieux par où elles passent, et casseraient tout l'univers [3] ; et il a fallu se résoudre à faire les cieux d'une matière fluide, telle que l'air. Enfin il est hors de doute pour les observations de ces derniers siècles, que Vénus et Mercure tournent autour du Soleil, et non autour de la Terre, et l'ancien système est absolument insoutenable par cet endroit. Je vais donc vous en proposer un qui satisfait à tout, et qui dispenserait le roi de Castille de donner des avis, car il est d'une simplicité charmante, et qui seule le ferait préférer. Il semblerait, interrompit la Marquise, que votre philosophie est une espèce d'enchère, où ceux qui offrent de faire les choses à moins de frais, l'emportent sur les autres. Il est vrai, repris-je, et ce n'est que par là qu'on peut attraper le plan sur lequel la nature a fait son ouvrage. Elle est d'une épargne [4] extraordinaire ; tout ce qu'elle pourra faire d'une manière qui lui coûtera un peu moins, quand ce moins ne serait presque rien, soyez sûre qu'elle ne le fera que de cette manière-là. Cette épargne néanmoins s'accorde avec une magnificence surprenante qui brille dans tout ce qu'elle a fait. C'est que la magnificence est dans le dessein, et l'épargne dans l'exécution. Il n'y a rien de plus beau qu'un grand dessein que l'on exécute à peu de frais. Nous autres nous sommes sujets à renverser souvent tout cela dans nos idées. Nous mettons l'épargne dans le dessein qu'a eu la nature, et la magnificence dans l'exécution. Nous lui donnons un petit dessein, qu'elle exécute avec dix fois plus de dépense

---

1. Par ailleurs.
2. Allusion ironique au livre II du traité *Du ciel* dans lequel Aristote affirme l'incorruptibilité du ciel, et le caractère solide des sphères célestes.
3. L'argument se trouve déjà chez Tycho Brahé, astronome danois (1546-1601), dans son *Astronomiæ intauratæ progymnasmata*, publié en 1602.
4. Économie, parcimonie.

qu'il ne faudrait ; cela est tout à fait ridicule. Je serai bien aise, dit-elle, que le système dont vous m'allez parler imite de fort près la nature ; car ce grand ménage-là [1] tournera au profit de mon imagination, qui n'aura pas tant de peine à comprendre ce que vous me direz. Il n'y a plus ici d'embarras inutiles, repris-je. Figurez-vous un Allemand nommé Copernic [2], qui fait main basse sur tous ces cercles différents, et sur tous ces cieux solides qui avaient été imaginés par l'Antiquité. Il détruit les uns, il met les autres en pièces. Saisi d'une noble fureur d'astronome, il prend la Terre et l'envoie bien loin du centre de l'univers, où elle s'était placée, et dans ce centre, il y met le Soleil, à qui cet honneur était bien mieux dû. Les planètes ne tournent plus autour de la Terre, et ne l'enferment plus au milieu du cercle qu'elles décrivent. Si elles nous éclairent, c'est en quelque sorte par hasard, et parce qu'elles nous rencontrent en leur chemin [3]. Tout tourne présentement autour du Soleil, la Terre y tourne elle-même, et pour la punir du long repos qu'elle s'était attribué, Copernic la charge le plus qu'il peut de tous les mouvements qu'elle donnait aux planètes et aux cieux. Enfin de tout cet équipage céleste dont cette petite Terre se faisait accompagner et environner, il ne lui est demeuré que la Lune qui tourne encore autour d'elle. Attendez un peu, dit la Marquise, il vient de vous prendre un enthousiasme [4] qui vous a fait expliquer les choses si pompeusement, que je ne crois pas les avoir entendues. Le Soleil est au centre de l'univers, et là il est immobile, après lui, qu'est-ce qui suit ? C'est Mercure, répondis-je, il tourne

---

1. Ménage est ici synonyme d'épargne, d'économie. D'où l'emploi du mot « profit » : la Marquise pourra tirer profit de cette simplicité du mécanisme de la nature en économisant les forces de son imagination pour se le représenter.
2. Nicolas Copernic (1473-1543) était en réalité polonais (né à Torun, en Prusse royale).
3. Formules qui rappellent celles de Cyrano de Bergerac dans *L'Autre Monde* : « Si [le soleil] éclaire l'homme, c'est par accident, comme le flambeau du roi éclaire par accident au crocheteur qui passe par la rue. »
4. « Mouvement extraordinaire d'esprit, par lequel un poète, un orateur, ou un homme qui travaille de génie, s'élève en quelque sorte au-dessus de lui-même » (*Dictionnaire de l'Académie*, 1694).

autour du Soleil, en sorte que le Soleil est à peu près le centre du cercle que Mercure décrit. Au-dessus de Mercure est Vénus, qui tourne de même autour du Soleil. Ensuite vient la Terre qui, étant plus élevée que Mercure et Vénus, décrit autour du Soleil un plus grand cercle que ces planètes. Enfin suivent Mars, Jupiter, Saturne, selon l'ordre où je vous les nomme ; et vous voyez bien que Saturne doit décrire autour du Soleil le plus grand cercle de tous ; aussi emploie-t-il plus de temps qu'aucune autre planète à faire sa révolution. Et la Lune, vous l'oubliez, interrompit-elle. Je la retrouverai bien, repris-je. La Lune tourne autour de la Terre et ne l'abandonne point ; mais comme la Terre avance toujours dans le cercle qu'elle décrit autour du Soleil, la Lune la suit, en tournant toujours autour d'elle ; et si elle tourne autour du Soleil, ce n'est que pour ne point quitter la Terre.

Je vous entends, répondit-elle, et j'aime la Lune, de nous être restée lorsque toutes les autres planètes nous abandonnaient. Avouez que si votre Allemand eût pu nous la faire perdre, il l'aurait fait volontiers ; car je vois dans tout son procédé qu'il était bien mal intentionné pour la Terre. Je lui sais bon gré, répliquai-je, d'avoir rabattu la vanité des hommes, qui s'étaient mis à la plus belle place de l'univers, et j'ai du plaisir à voir présentement la Terre dans la foule des planètes. Bon, répondit-elle, croyez-vous que la vanité des hommes s'étende jusqu'à l'astronomie ? Croyez-vous m'avoir humiliée, pour m'avoir appris que la Terre tourne autour du Soleil ? Je vous jure que je ne m'en estime pas moins. Mon Dieu, Madame, repris-je, je sais bien qu'on sera moins jaloux du rang qu'on tient dans l'univers, que de celui qu'on croit devoir tenir dans une chambre, et que la préséance de deux planètes ne sera jamais une si grande affaire, que celle de deux ambassadeurs. Cependant la même inclination qui fait qu'on veut avoir la place la plus honorable dans une cérémonie, fait qu'un philosophe dans un système se met au centre du monde, s'il peut. Il est bien aise que tout soit fait pour lui ; il suppose [1] peut-être sans s'en

---

1. « Supposer : poser une chose pour établie, pour reçue, afin d'en tirer ensuite quelque induction » (*Dictionnaire de l'Académie*, 1694).

apercevoir ce principe qui le flatte, et son cœur ne laisse
pas [1] de s'intéresser à une affaire de pure spéculation.
Franchement, répliqua-t-elle, c'est là une calomnie que
vous avez inventée contre le genre humain. On n'aurait
donc jamais dû recevoir le système de Copernic, puisqu'il
est si humiliant. Aussi, repris-je, Copernic lui-même se
défiait-il fort du succès [2] de son opinion. Il fut très longtemps à ne la vouloir pas publier. Enfin il s'y résolut, à
la prière de gens très considérables ; mais aussi le jour
qu'on lui apporta le premier exemplaire imprimé de son
livre, savez-vous ce qu'il fit ? il mourut [3]. Il ne voulut
point essuyer toutes les contradictions qu'il prévoyait, et
se tira habilement d'affaire. Écoutez, dit la Marquise, il
faut rendre justice à tout le monde. Il est sûr qu'on a de
la peine à s'imaginer qu'on tourne autour du Soleil ; car
enfin on ne change point de place, et on se retrouve toujours le matin où l'on s'était couché le soir. Je vois, ce
me semble, à votre air, que vous m'allez dire que comme
la Terre tout entière marche... Assurément, interrompis-
je, c'est la même chose que si vous vous endormiez dans
un bateau qui allât sur la rivière, vous vous retrouveriez
à votre réveil dans la même place et dans la même situation à l'égard de toutes les parties du bateau [4]. Oui, mais,
répliqua-t-elle, voici une différence, je trouverais à mon
réveil le rivage changé, et cela me ferait bien voir que
mon bateau aurait changé de place. Mais il n'en va pas
de même de la Terre, j'y retrouve toutes choses comme
je les avais laissées. Non pas, Madame, répondis-je, non
pas ; le rivage a changé aussi. Vous savez qu'au-delà de
tous les cercles des planètes, sont les étoiles fixes, voilà
notre rivage. Je suis sur la Terre, et la Terre décrit un
grand cercle autour du Soleil. Je regarde au centre de ce

---

1. Voir note 2, p. 51.
2. De l'accueil que son opinion recevrait.
3. Copernic mourut en effet le 24 mai 1543, quelques jours après la
publication du *De revolutionibus orbium cælestium*.
4. Cf. Descartes, *Principes*, II, § 13 : « Si nous considérons un homme
assis à la poupe d'un vaisseau que le vent emporte hors du port, et ne
prenons garde qu'à ce vaisseau, il nous semblera que cet homme ne
change point de lieu. » Voir aussi le passage de *L'Autre monde* de
Cyrano de Bergerac cité dans le dossier, p. 183 sq.

cercle, j'y vois le Soleil. S'il n'effaçait point les étoiles, en poussant ma vue en ligne droite au-delà du Soleil, je le verrais nécessairement répondre à [1] quelques étoiles fixes ; mais je vois aisément pendant la nuit à quelles étoiles il a répondu le jour, et c'est exactement la même chose. Si la Terre ne changeait point de place sur le cercle où elle est, je verrais toujours le Soleil répondre aux mêmes étoiles fixes ; mais dès que la Terre change de place, il faut que je le voie répondre à d'autres étoiles. C'est là le rivage qui change tous les jours, et comme la Terre fait son cercle en un an autour du Soleil, je vois le Soleil en l'espace d'une année répondre successivement à diverses étoiles fixes qui composent un cercle. Ce cercle s'appelle le zodiaque. Voulez-vous que je fasse ici une figure [2] sur le sable ? Non, répondit-elle, je m'en passerai bien, et puis cela donnerait à mon parc un air savant, que je ne veux pas qu'il ait. N'ai-je pas ouï dire qu'un philosophe qui fut jeté par un naufrage dans une île qu'il ne connaissait point, s'écria à ceux qui le suivaient, en voyant de certaines figures, des lignes et des cercles tracés sur le bord de la mer : *Courage, compagnons, l'île est habitée, voilà des pas d'hommes* [3] ? Vous jugez bien qu'il ne m'appartient point de faire ces pas-là, et qu'il ne faut pas qu'on en voie ici.

Il vaut mieux en effet, répondis-je, qu'on n'y voie que des pas d'amants, c'est-à-dire, votre nom et vos chiffres [4] gravés sur l'écorce des arbres par la main de vos adorateurs. Laissons-là, je vous prie, les adorateurs, reprit-elle, et parlons du Soleil. J'entends bien comment nous nous imaginons qu'il décrit le cercle que nous décrivons nous-mêmes, mais ce tour ne s'achève qu'en un an, et celui que le Soleil fait tous les jours sur notre tête, comment se fait-il ? Avez-vous remarqué, lui répondis-je, qu'une

---

1. Être vis-à-vis de : « En astronomie, on dit que les deux pôles répondent l'un à l'autre, sont vis-à-vis » (Furetière, 1690).
2. Un schéma.
3. Allusion pouvant éventuellement rappeler un passage de l'*Histoire véritable* de Lucien où le héros de ce voyage imaginaire échoue sur une île peu avant de monter dans la lune. Mais les figures qu'il découvre sont des caractères grecs gravés par Hercule et Bacchus...
4. Entrelacement des lettres initiales du nom d'une personne.

boule qui roulerait sur cette allée aurait deux mouvements ? Elle irait vers le bout de l'allée, et en même
temps elle tournerait plusieurs fois sur elle-même, en
sorte que la partie de cette boule qui est en haut, descen-
drait en bas, et que celle d'en bas monterait en haut. La
Terre fait la même chose. Dans le temps qu'elle avance
sur le cercle qu'elle décrit en un an autour du Soleil, elle
tourne sur elle-même en vingt-quatre heures ; ainsi en
vingt-quatre heures chaque partie de la Terre perd le
Soleil, et le recouvre, et à mesure qu'en tournant on va
vers le côté où est le Soleil, il semble qu'il s'élève ; et
quand on commence à s'en éloigner, en continuant le
tour, il semble qu'il s'abaisse. Cela est assez plaisant, dit-
elle, la Terre prend tout sur soi, et le Soleil ne fait rien.
Et quand la Lune et les autres planètes et les étoiles fixes
paraissent faire un tour sur notre tête en vingt-quatre
heures, c'est donc aussi une imagination [1] ? Imagination
pure, repris-je, qui vient de la même cause. Les planètes
font seulement leurs cercles autour du Soleil en des temps
inégaux selon leurs distances inégales, et celle que nous
voyons aujourd'hui répondre à un certain point du
zodiaque, ou de ce cercle d'étoiles fixes, nous la voyons
demain à la même heure répondre à un autre point, tant
parce qu'elle a avancé sur son cercle, que parce que nous
avons avancé sur le nôtre. Nous marchons, et les autres
planètes marchent aussi, mais plus ou moins vite que
nous ; cela nous met dans différents points de vue à leur
égard, et nous fait paraître dans leur cours des bizarreries
dont il n'est pas nécessaire que je vous parle. Il suffit que
vous sachiez que ce qu'il y a d'irrégulier dans les planètes
ne vient que de la diverse manière dont notre mouvement
nous les fait rencontrer, et qu'au fond elles sont toutes
très réglées. Je consens qu'elles le soient, dit la Marquise,
mais je voudrais bien que leur régularité coûtât moins à
la Terre, on ne l'a guère ménagée, et pour une grosse
masse aussi pesante qu'elle est, on lui demande bien de
l'agilité. Mais, lui répondis-je, aimeriez-vous mieux que
le Soleil, et tous les autres astres qui sont de très grands

---

1. Le mot est ici synonyme d'illusion.

corps, fissent en vingt-quatre heures autour de la Terre un tour immense, que les étoiles fixes qui seraient dans le plus grand cercle, parcourussent en un jour plus de vingt-sept mille six cent soixante fois deux cents millions de lieues [1] ? Car il faut que tout cela arrive, si la Terre ne tourne pas sur elle-même en vingt-quatre heures. En vérité, il est bien plus raisonnable qu'elle fasse ce tour, qui n'est tout au plus que de neuf mille lieues. Vous voyez bien que neuf mille lieues, en comparaison de l'horrible nombre que je viens de vous dire, ne sont qu'une bagatelle.

Oh ! répliqua la Marquise, le Soleil et les astres sont tout de feu, le mouvement ne leur coûte rien ; mais la Terre ne paraît guère portative. Et croiriez-vous, repris-je, si vous n'en aviez l'expérience, que ce fût quelque chose de bien portatif, qu'un gros navire monté de cent cinquante pièces de canon, chargé de plus de trois mille hommes, et d'une très grande quantité de marchandises ? Cependant il ne faut qu'un petit souffle de vent pour le faire aller sur l'eau, parce que l'eau est liquide, et que se laissant diviser [2] avec facilité, elle résiste peu au mouvement du navire ; ou s'il est au milieu d'une rivière, il suivra sans peine le fil de l'eau, parce qu'il n'y a rien qui le retienne. Ainsi la Terre toute massive qu'elle est, est aisément portée au milieu de la matière céleste, qui est infiniment plus fluide que l'eau, et qui remplit tout ce grand espace où nagent les planètes. Et où faudrait-il que la Terre fût cramponnée pour résister au mouvement de cette matière céleste, et ne pas s'y laisser emporter ? C'est comme si une petite boule de bois pouvait ne pas suivre le courant d'une rivière.

Mais, répliqua-t-elle encore, comment la Terre avec tout son poids se soutient-elle sur votre matière céleste qui doit être bien légère, puisqu'elle est si fluide ? Ce n'est pas à dire, répondis-je, que ce qui est fluide, en soit plus léger. Que dites-vous de notre gros vaisseau, qui

---

1. Nombres qui n'apparaissent qu'à partir d'une réédition de 1708, et qui sont empruntés au *Nouveau Traité de la pluralité des mondes* de Huygens (1702).
2. Fendre.

avec tout son poids est plus léger que l'eau, puisqu'il y surnage ? Je ne veux plus vous dire rien, dit-elle comme en colère, tant que vous aurez le gros vaisseau. Mais m'assurez-vous bien qu'il n'y ait rien à craindre sur une pirouette [1] aussi légère que vous me faites la Terre ? Eh bien, lui répondis-je, faisons porter la Terre par quatre éléphants, comme font les Indiens. Voici bien un autre système, s'écria-t-elle. Du moins j'aime ces gens-là d'avoir pourvu à leur sûreté, et fait de bons fondements, au lieu que nous autres coperniciens, nous sommes assez inconsidérés pour vouloir bien nager à l'aventure dans cette matière céleste. Je gage que si les Indiens savaient que la Terre fût le moins du monde en péril de se mouvoir, ils doubleraient les éléphants.

Cela le mériterait bien, repris-je, en riant de sa pensée, il ne faut point s'épargner les éléphants pour dormir en assurance, et si vous en avez besoin pour cette nuit, nous en mettrons dans notre système autant qu'il vous plaira, ensuite nous les retrancherons peu à peu, à mesure que vous vous rassurerez. Sérieusement, reprit-elle, je ne crois pas dès à présent qu'ils me soient fort nécessaires, et je me sens assez de courage pour oser tourner. Vous irez encore plus loin, répliquai-je, vous tournerez avec plaisir, et vous vous ferez sur ce système des idées réjouissantes. Quelquefois, par exemple, je me figure que je suis suspendu en l'air, et que j'y demeure sans mouvement pendant que la Terre tourne sous moi en vingt-quatre heures [2]. Je vois passer sous mes yeux tous ces visages différents, les uns blancs, les autres noirs, les autres basanés, les autres olivâtres [3]. D'abord ce sont des chapeaux, et puis des turbans, et puis des têtes chevelues, et puis des têtes rases ; tantôt des villes à clochers, tantôt des villes à longues aiguilles qui ont des croissants, tantôt des villes à tours de porcelaine, tantôt de grands pays qui n'ont que des cabanes ; ici des vastes mers ; là des

---

1. Toupie.
2. Sur la critique que ce passage des *Entretiens* suscita, voir le dossier, p. 207.
3. Qui ont le teint bistre, hâlé (l'adjectif fait plus ou moins doublon avec « basané »).

déserts ¹ épouvantables ; enfin toute cette variété infinie qui est sur la surface de la Terre.

En vérité, dit-elle, tout cela mériterait bien que l'on donnât vingt-quatre heures de son temps à le voir. Ainsi donc dans le même lieu où nous sommes à présent, je ne dis pas dans ce parc, mais dans ce même lieu, à le prendre dans l'air ², il y passe continuellement d'autres peuples qui prennent notre place ; et au bout de vingt-quatre heures nous y revenons.

Copernic, lui répondis-je, ne le comprendrait pas mieux. D'abord il passera par ici des Anglais qui raisonneront peut-être de quelque dessein de politique avec moins de gaieté que nous ne raisonnons de notre philosophie ; ensuite viendra une grande mer, et il se pourra trouver en ce lieu-là quelque vaisseau qui n'y sera pas si à son aise que nous. Après cela paraîtront des Iroquois, en mangeant tout vif quelque prisonnier de guerre, qui fera semblant de ne s'en pas soucier ; des femmes de la terre de Jesso ³, qui n'emploieront tout leur temps qu'à préparer le repas de leurs maris, et à se peindre de bleu les lèvres et les sourcils pour plaire aux plus vilains hommes du monde ; des Tartares qui iront fort dévotement en pèlerinage vers ce grand prêtre ⁴ qui ne sort jamais d'un lieu obscur, où il n'est éclairé que par des lampes, à la lumière desquelles on l'adore ; de belles Circassiennes ne feront aucune façon d'accorder ⁵ tout au premier venu, hormis ce qu'elles croient qui appartient essentiellement à leurs maris ; de petits Tartares qui iront voler des femmes pour les

1. Dans la langue classique, le mot « désert » peut s'appliquer à tout lieu inhabité.
2. Dans l'espace de l'Univers que ce parc occupe momentanément, en vertu de la rotation de la Terre.
3. Île du Japon.
4. Le grand Lama. L'information de Fontenelle provient sans doute d'un des nombreux récits de voyage en Chine faits par des missionnaires jésuites. Dans son édition critique (voir note bibliographique), A. Calame cite un extrait de *La Chine illustrée*, d'Athanase Kircher (1667).
5. Accorderont sans difficulté.

Turcs et pour les Persans [1] ; enfin nous, qui débiterons peut-être encore des rêveries.

Il est assez plaisant, dit la Marquise, d'imaginer ce que vous venez de me dire ; mais si je voyais tout cela d'en haut, je voudrais avoir la liberté de hâter ou d'arrêter le mouvement de la Terre, selon que les objets me plairaient plus ou moins, et je vous assure que je ferais passer bien vite ceux qui s'embarrassent de politique, ou qui mangent leurs ennemis ; mais il y en a d'autres pour qui j'aurais de la curiosité. J'en aurais pour ces belles Circassiennes, par exemple, qui ont un usage si particulier [2]. Mais il me vient une difficulté sérieuse. Si la Terre tourne, nous changeons d'air à chaque moment, et nous respirons toujours celui d'un autre pays. Nullement, Madame, répondis-je, l'air qui environne la Terre ne s'étend que jusqu'à une certaine hauteur, peut-être jusqu'à vingt lieues tout au plus ; il nous suit, et tourne avec nous. Vous avez vu quelquefois l'ouvrage d'un ver à soie, ou ces coques que ces petits animaux travaillent avec tant d'art pour s'y emprisonner. Elles sont d'une soie fort serrée, mais elles sont couvertes d'un certain duvet fort léger et fort lâche. C'est ainsi que la Terre, qui est assez [3] solide, est couverte depuis sa surface jusqu'à une certaine hauteur, d'une espèce de duvet, qui est l'air, et toute la coque de ver à soie tourne en même temps. Au-delà de l'air est la matière céleste, incomparablement plus pure, plus subtile, et même plus agitée qu'il n'est.

Vous me présentez la Terre sous des idées bien méprisables, dit la Marquise. C'est pourtant sur cette coque de ver à soie qu'il se fait de si grands travaux, de si grandes

---

1. Ici, Fontenelle s'appuie sans doute sur un passage des *Six voyages de J.-B. Tavernier* (1676).

2. Dans la première édition (1686), Fontenelle badinait plus longuement autour de cet « usage particulier » : « C'est qu'elles sont si belles, lui dis-je, que leurs maris trouvent dans leurs faveurs un superflu qu'ils abandonnent aux étrangers. Les femmes de ces pays-ci sont donc bien laides au prix d'elles, reprit la Marquise, car les maris ne relâchent rien. Cela est cause qu'on prend davantage, répliquai-je, au lieu que... Taisez-vous, interrompit-elle, je ne veux plus dire de folies, aussi bien il me vient une difficulté... »

3. Très.

guerres, et qu'il règne de tous côtés une si grande agitation. Oui, répondis-je, et pendant ce temps-là la nature qui n'entre point en connaissance de tous ces petits mouvements particuliers, nous emporte tous ensemble d'un mouvement général, et se joue de la petite boule.

Il me semble, reprit-elle, qu'il est ridicule d'être sur quelque chose qui tourne, et de se tourmenter tant ; mais le malheur est qu'on n'est pas assuré qu'on tourne ; car enfin, à ne vous rien celer, toutes les précautions que vous prenez pour empêcher qu'on ne s'aperçoive du mouvement de la Terre, me sont suspectes. Est-il possible qu'il ne laissera pas quelque petite marque sensible à laquelle on le reconnaisse ?

Les mouvements les plus naturels, répondis-je, et les plus ordinaires, sont ceux qui se font le moins sentir, cela est vrai jusque dans la morale. Le mouvement de l'amour-propre nous est si naturel, que le plus souvent nous ne le sentons pas, et que nous croyons agir par d'autres principes [1]. Ah ! vous moralisez, dit-elle, quand il est question de physique, cela s'appelle bâiller. Retirons-nous, aussi bien en voilà assez pour la première fois. Demain nous reviendrons ici, vous avec vos systèmes, et moi avec mon ignorance.

En retournant au château, je lui dis, pour épuiser la matière des systèmes, qu'il y en avait un troisième inventé par Tycho Brahé, qui voulant absolument que la Terre fût immobile, la plaçait au centre du monde, et faisait tourner autour d'elle le Soleil, autour duquel tournaient toutes les autres planètes, parce que depuis les nouvelles découvertes, il n'y avait pas moyen de faire tourner les planètes autour de la Terre. Mais la Marquise qui a le discernement vif et prompt, jugea qu'il y avait trop d'affectation à exempter la Terre de tourner autour du Soleil, puisqu'on n'en pouvait pas exempter tant d'autres grands corps ; que le Soleil n'était plus si propre à tourner autour de la Terre, depuis que toutes les planètes tournaient autour de lui ; que ce système ne pouvait être propre tout au plus qu'à soutenir l'immobilité de la Terre,

---

1. Fontenelle fait ici écho aux *Maximes* de La Rochefoucauld, parues en 1665.

quand on avait bien envie de la soutenir, et nullement à la persuader ; et enfin il fut résolu que nous nous en tiendrions à celui de Copernic, qui est plus uniforme [1] et plus riant [2], et n'a aucun mélange de préjugé. En effet, la simplicité dont il est persuade [3], et sa hardiesse fait plaisir.

1. Cohérent.
2. Voir note 4, p. 52.
3. Sa simplicité est convaincante.

SECOND SOIR

QUE LA LUNE EST UNE TERRE HABITÉE

Le lendemain au matin dès que l'on put entrer dans l'appartement de la Marquise, j'envoyai savoir de ses nouvelles, et lui demander si elle avait pu dormir en tournant. Elle me fit répondre qu'elle était déjà toute accoutumée à cette allure de la Terre, et qu'elle avait passé la nuit aussi tranquillement qu'aurait pu faire Copernic lui-même. Quelque temps après il vint chez elle du monde qui y demeura jusqu'au soir, selon l'ennuyeuse coutume de la campagne. Encore leur fut-on bien obligé, car la campagne leur donnait aussi le droit de pousser leur visite jusqu'au lendemain, s'ils eussent voulu, et ils eurent l'honnêteté de ne le pas faire. Ainsi la Marquise et moi nous nous retrouvâmes libres le soir. Nous allâmes encore dans le parc, et la conversation ne manqua pas de tourner aussitôt sur nos systèmes. Elle les avait si bien conçus, qu'elle dédaigna d'en parler une seconde fois, et elle voulut que je la menasse à quelque chose de nouveau. Eh bien donc, lui dis-je, puisque le Soleil, qui est présentement immobile, a cessé d'être planète, et que la Terre qui se meut autour de lui, a commencé d'en être une, vous ne serez pas si surprise d'entendre dire que la Lune est une terre comme celle-ci, et qu'apparemment elle est habitée. Je n'ai pourtant jamais ouï parler de la Lune habitée, dit-elle, que comme d'une folie et d'une vision [1]. C'en est peut-être une aussi, répondis-je. Je ne prends parti dans ces choses-là que comme on en prend dans les

---

1. Voir note 6, p. 53.

guerres civiles, où l'incertitude de ce qui peut arriver fait qu'on entretient toujours des intelligences dans le parti opposé, et qu'on a des ménagements avec ses ennemis même. Pour moi, quoique je croie la Lune habitée, je ne laisse pas [1] de vivre civilement avec ceux qui ne le croient pas, et je me tiens toujours en état de me pouvoir ranger à leur opinion avec honneur, si elle avait le dessus ; mais en attendant qu'ils aient sur nous quelque avantage considérable, voici ce qui m'a fait pencher du côté des habitants de la Lune.

Supposons qu'il n'y ait jamais eu nul commerce entre Paris et Saint-Denis, et qu'un bourgeois de Paris, qui ne sera jamais sorti de sa ville, soit sur les tours de Notre-Dame, et voie Saint-Denis de loin ; on lui demandera s'il croit que Saint-Denis soit habité comme Paris. Il répondra hardiment que non ; car, dira-t-il, je vois bien les habitants de Paris, mais ceux de Saint-Denis je ne les vois point, on n'en a jamais entendu parler. Il y aura quelqu'un qui lui représentera qu'à la vérité, quand on est sur les tours de Notre-Dame, on ne voit pas les habitants de Saint-Denis, mais que l'éloignement en est cause ; que tout ce qu'on peut voir de Saint-Denis ressemble fort à Paris, que Saint Denis a des clochers, des maisons, des murailles, et qu'il pourrait bien encore ressembler à Paris par être habité [2]. Tout cela ne gagnera rien sur [3] mon bourgeois, il s'obstinera toujours à soutenir que Saint-Denis n'est point habité, puisqu'il n'y voit personne. Notre Saint-Denis c'est la Lune, et chacun de nous est ce bourgeois de Paris, qui n'est jamais sorti de sa ville.

Ah ! interrompit la Marquise, vous nous faites tort, nous ne sommes point si sots que votre bourgeois ; puisqu'il voit que Saint-Denis est tout fait comme Paris, il faut qu'il ait perdu la raison pour ne le pas croire habité ; mais la Lune n'est point du tout faite comme la Terre. Prenez garde, Madame, repris-je, car s'il faut que la Lune ressemble en tout à la Terre, vous voilà dans l'obligation de croire la Lune habitée. J'avoue, répondit-elle, qu'il n'y

---

1. Voir note 2, p. 51.
2. Par le fait d'être habité.
3. Ne convaincra nullement.

aura pas moyen de s'en dispenser, et je vous vois un air de confiance qui me fait déjà peur. Les deux mouvements de la Terre, dont je ne me fusse jamais doutée, me rendent timide [1] sur tout le reste ; mais pourtant serait-il bien possible que la Terre fût lumineuse comme la Lune ? car il faut cela pour leur ressemblance. Hélas ! Madame, répliquai-je, être lumineux n'est pas si grand-chose que vous pensez. Il n'y a que le Soleil en qui cela soit une qualité considérable. Il est lumineux par lui-même, et en vertu d'une nature particulière qu'il a ; mais les planètes n'éclairent que parce qu'elles sont éclairées de lui. Il envoie sa lumière à la Lune, elle nous la renvoie, et il faut que la Terre renvoie aussi à la Lune la lumière du Soleil ; il n'y a pas plus loin de la Terre à la Lune, que de la Lune à la Terre.

Mais, dit la Marquise, la Terre est-elle aussi propre que la Lune à renvoyer la lumière du Soleil ? Je vous vois toujours, pour la Lune, repris-je, un reste d'estime dont vous ne sauriez vous défaire. La lumière est composée de petites balles [2] qui bondissent sur ce qui est solide, et retournent d'un autre côté, au lieu qu'elles passent au travers de ce qui leur présente des ouvertures en ligne droite, comme l'air ou le verre. Ainsi ce qui fait que la Lune nous éclaire, c'est qu'elle est un corps dur et solide, qui nous renvoie ces petites balles. Or je crois que vous ne contesterez pas à la Terre cette même dureté et cette même solidité. Admirez donc ce que c'est que d'être posté avantageusement. Parce que la Lune est éloignée de nous, nous ne la voyons que comme un corps lumineux, et nous ignorons que ce soit une grosse masse semblable à la Terre. Au contraire, parce que la Terre a le malheur que nous la voyons de trop près, elle ne nous paraît qu'une grosse masse, propre seulement à fournir de la pâture aux animaux, et nous ne nous apercevons pas qu'elle est lumineuse, faute de nous pouvoir mettre à quelque distance d'elle. Il en irait donc de la même manière, dit la Marquise, que lorsque nous sommes

---

1. D'une extrême prudence.
2. Cette comparaison de la lumière à de petites balles vient de Descartes (*Principes*, III, § 55-56).

frappés de l'éclat des conditions élevées au-dessus des nôtres, et que nous ne voyons pas qu'au fond elles se ressemblent toutes extrêmement.

C'est la même chose, répondis-je. Nous voulons juger de tout, et nous sommes toujours dans un mauvais point de vue. Nous voulons juger de nous, nous en sommes trop près ; nous voulons juger des autres, nous en sommes trop loin. Qui serait entre la Lune et la Terre, ce serait la vraie place pour les bien voir [1]. Il faudrait être simplement spectateur du monde, et non pas habitant. Je ne me consolerai jamais, dit-elle, de l'injustice que nous faisons à la Terre, et de la préoccupation trop favorable où nous sommes pour la Lune, si vous ne m'assurez que les gens de la Lune ne connaissent pas mieux leurs avantages que nous les nôtres, et qu'ils prennent notre Terre pour un astre, sans savoir que leur habitation en est un aussi. Pour cela, repris-je, je vous le garantis. Nous leur paraissons faire assez régulièrement nos fonctions d'astre. Il est vrai qu'ils ne nous voient pas décrire un cercle autour d'eux ; mais il n'importe, voici ce que c'est. La moitié de la Lune qui se trouva tournée vers nous au commencement du monde y a toujours été tournée depuis ; elle ne nous présente jamais que ces yeux, cette bouche et le reste de ce visage que notre imagination lui compose sur le fondement des taches qu'elle nous montre [2]. Si l'autre moitié opposée se présentait à nous, d'autres taches différemment arrangées nous feraient sans doute imaginer quelque autre figure. Ce n'est pas que la Lune ne tourne sur elle-même, elle y tourne en autant de temps qu'autour de la Terre, c'est-à-dire en un mois ; mais lorsqu'elle fait une partie de ce tour sur elle-même, et qu'il devrait se cacher à nous une joue, par exemple, de ce prétendu visage et paraître quelque autre chose, elle fait justement une semblable partie de son cercle autour de la Terre, et se mettant dans un nouveau point de vue, elle nous montre

---

1. Latinisme : qui = si on (en latin *si* pour *si quis*), auquel s'ajoute une rupture de construction : si l'on était entre la Lune et la Terre, on serait à la place idéale pour bien les voir.
2. Cette imagination d'un visage dans la lune est très ancienne (cf. Plutarque, *Du visage qui apparaît dans la lune*).

encore cette même joue. Ainsi la Lune, qui à l'égard du Soleil et des autres astres tourne sur elle-même, n'y tourne point à notre égard. Ils lui paraissent tous se lever et se coucher en l'espace de quinze jours, mais pour notre Terre, elle la voit toujours suspendue au même endroit du ciel. Cette immobilité apparente ne convient guère à un corps qui doit passer pour un astre, mais aussi elle n'est pas parfaite. La Lune a un certain balancement qui fait qu'un petit coin du visage se cache quelquefois, et qu'un petit coin de la moitié opposée se montre. Or elle ne manque pas, sur ma parole, de nous attribuer ce tremblement, et de s'imaginer que nous avons dans le ciel comme un mouvement de pendule, qui va et vient.

Toutes ces planètes, dit la Marquise, sont faites comme nous, qui rejetons toujours sur les autres ce qui est en nous-mêmes. La Terre dit : *Ce n'est pas moi qui tourne, c'est le Soleil.* La Lune dit : *Ce n'est pas moi qui tremble, c'est la Terre.* Il y a bien de l'erreur partout. Je ne vous conseille pas d'entreprendre d'y rien réformer, répondis-je, il vaut mieux que vous acheviez de vous convaincre de l'entière ressemblance de la Terre et de la Lune. Représentez-vous ces deux grandes boules suspendues dans les cieux. Vous savez que le Soleil éclaire toujours une moitié des corps qui sont ronds, et que l'autre moitié est dans l'ombre. Il y a donc toujours une moitié, tant de la Terre que de la Lune, qui est éclairée du Soleil, c'est-à-dire qui a le jour, et une autre moitié qui est dans la nuit. Remarquez d'ailleurs [1] que, comme une balle a moins de force et de vitesse après qu'elle a été donner contre [2] une muraille qui l'a renvoyée d'un autre côté, de même la lumière s'affaiblit lorsqu'elle a été réfléchie par quelque corps. Cette lumière blanchâtre, qui nous vient de la Lune, est la lumière même du Soleil, mais elle ne peut venir de la Lune à nous que par une réflexion [3]. Elle a donc beaucoup perdu de la force et de la vivacité qu'elle avait lorsqu'elle était reçue directement sur la Lune, et

1. Voir note 1, p. 69.
2. Frapper.
3. Au sens premier : changement de direction de la lumière après la rencontre d'un corps interposé.

cette lumière éclatante, que nous recevons du Soleil, et que la Terre réfléchit sur la Lune, ne doit plus être qu'une lumière blanchâtre quand elle y est arrivée. Ainsi ce qui nous paraît lumineux dans la Lune, et qui nous éclaire pendant nos nuits, ce sont des parties de la Lune qui ont le jour ; et les parties de la Terre qui ont le jour lorsqu'elles sont tournées vers les parties de la Lune qui ont la nuit, les éclairent aussi. Tout dépend de la manière dont la Lune et la Terre se regardent. Dans les premiers jours du mois que l'on ne voit pas la Lune, c'est qu'elle est entre le Soleil et nous, et qu'elle marche de jour avec le Soleil. Il faut nécessairement que toute sa moitié qui a le jour soit tournée vers le Soleil, et que toute sa moitié qui a la nuit soit tournée vers nous. Nous n'avons garde de voir cette moitié qui n'a aucune lumière pour se faire voir ; mais cette moitié de la Lune qui a la nuit étant tournée vers la moitié de la Terre qui a le jour, nous voit sans être vue, et nous voit sous la même figure que nous voyons la pleine lune. C'est alors pour les gens de la Lune *pleine terre*, s'il est permis de parler ainsi [1]. Ensuite la Lune qui avance sur son cercle d'un mois, se dégage de dessous le Soleil, et commence à tourner vers nous un petit coin de sa moitié éclairée, et voilà le croissant. Alors aussi les parties de la Lune qui ont la nuit, commencent à ne plus voir toute la moitié de la Terre qui a le jour, et nous sommes en décours [2] pour elles.

Il n'en faut pas davantage, dit brusquement la Marquise, je saurai tout le reste quand il me plaira, je n'ai qu'à y penser un moment, et qu'à promener la Lune sur son cercle d'un mois. Je vois en général que dans la Lune ils ont un mois à rebours du nôtre, et je gage que quand nous avons pleine lune, c'est que toute la moitié lumineuse de la Lune est tournée vers toute la moitié obscure

---

1. L'expression vient de Galilée (1564-1642) dans son *Dialogue des deux grands systèmes du monde* (1632) : « Quand la Lune serait en conjonction avec le Soleil, et donc pour nous, dans le silence et les ténèbres, notre globe serait pour elle, en opposition avec le Soleil et tout lumineux : ce serait, si l'on peut dire, la pleine terre. » Dans tout ce passage, Fontenelle semble s'inspirer d'assez près du texte de Galilée.
2. Terme d'astronomie : période de décroissance d'un astre.

de la Terre ; qu'alors ils ne nous voient point du tout, et qu'ils comptent *nouvelle terre*. Je ne voudrais pas qu'il me fût reproché de m'être fait expliquer tout au long une chose si aisée. Mais les éclipses comment vont-elles ? Il ne tient qu'à vous de le deviner, répondis-je. Quand la Lune est nouvelle, qu'elle est entre le Soleil et nous, et que toute sa moitié obscure est tournée vers nous qui avons le jour, vous voyez bien que l'ombre de cette moitié obscure se jette vers nous. Si la Lune est justement sous le Soleil, cette ombre nous le cache, et en même temps noircit une partie de cette moitié lumineuse de la Terre qui était vue par la moitié obscure de la Lune. Voilà donc une éclipse de soleil pour nous pendant notre jour, et une éclipse de terre pour la Lune pendant sa nuit. Lorsque la Lune est pleine, la Terre est entre elle et le Soleil, et toute la moitié obscure de la Terre est tournée vers toute la moitié lumineuse de la Lune. L'ombre de la Terre se jette donc vers la Lune ; si elle tombe sur le corps de la Lune, elle noircit cette moitié lumineuse que nous voyons, et à cette moitié lumineuse qui avait le jour, elle lui dérobe le Soleil. Voilà donc une éclipse de Lune pendant notre nuit, et une éclipse de soleil pour la Lune pendant le jour dont elle jouissait. Ce qui fait qu'il n'arrive pas des éclipses toutes les fois que la Lune est entre le Soleil et la Terre, ou la Terre entre le Soleil et la Lune, c'est que souvent ces trois corps ne sont pas exactement rangés en ligne droite, et que par conséquent celui qui devrait faire l'éclipse jette son ombre un peu à côté de celui qui en devrait être couvert.

Je suis fort étonnée, dit la Marquise, qu'il y ait si peu de mystère aux éclipses, et que tout le monde n'en devine pas la cause. Ah ! vraiment, répondis-je, il y a bien des peuples qui, de la manière dont ils s'y prennent, ne la devineront encore de longtemps. Dans toutes les Indes orientales on croit que quand le Soleil et la Lune s'éclipsent, c'est qu'un certain dragon qui a les griffes fort noires, les étend sur ces astres dont il veut se saisir ; et vous voyez pendant ce temps-là les rivières couvertes de têtes d'Indiens qui se sont mis dans l'eau jusqu'au col, parce que c'est une situation très dévote selon eux, et très propre à obtenir du Soleil et de la Lune qu'ils se défen-

dent bien contre le Dragon [1]. En Amérique on était persuadé que le Soleil et la Lune étaient fâchés quand ils
s'éclipsaient, et Dieu sait ce qu'on ne faisait pas pour se
raccommoder avec eux. Mais les Grecs qui étaient si raf-
finés n'ont-ils pas cru longtemps que la Lune était ensor-
celée, et que des magiciennes la faisaient descendre du
ciel pour jeter sur les herbes une certaine écume malfai-
sante ? Et nous, n'eûmes-nous pas belle peur il n'y a que
trente-deux ans *, à une certaine éclipse de soleil, qui à
la vérité fut totale ? Une infinité de gens ne se tinrent-ils
pas enfermés dans des caves, et les philosophes qui écri-
virent pour nous rassurer n'écrivirent-ils pas en vain ou
à peu près ? Ceux qui s'étaient réfugiés dans les caves en
sortirent-ils ?

En vérité, reprit-elle, tout cela est trop honteux pour
les hommes, il devrait y avoir un arrêt du genre humain,
qui défendît qu'on parlât jamais d'éclipses, de peur que
l'on ne conserve la mémoire des sottises qui ont été faites
ou dites sur ce chapitre-là. Il faudrait donc, répliquai-je,
que le même arrêt abolît la mémoire de toutes choses, et
défendît qu'on parlât jamais de rien, car je ne sache rien
au monde qui ne soit le monument [2] de quelque sottise
des hommes.

Dites-moi, je vous prie, une chose, dit la Marquise, ont-
ils autant de peur des éclipses dans la Lune que nous en
avons ici ? Il me paraîtrait tout à fait burlesque que les
Indiens de ce pays-là se missent à l'eau comme les nôtres,
que les Américains crussent notre Terre fâchée contre
eux, que les Grecs s'imaginassent que nous fussions
ensorcelés, et que nous allassions gâter leurs herbes, et
qu'enfin nous leur rendissions la consternation qu'ils
causent ici-bas. Je n'en doute nullement, répondis-je. Je
voudrais bien savoir pourquoi messieurs de la Lune

---

1. Fontenelle s'inspire ici d'un récit de Bernier à propos d'une éclipse
qu'il vit en Inde en 1666 (Voir François Bernier, *Lettre à M. Chapelain
du 4 octobre 1667, touchant les superstitions des Indous* in *Suite des
mémoires*, t. I, 1671).
* En 1654. *(Les notes marquées d'un astérisque sont de l'auteur.)*
2. Au sens étymologique : construction destinée à transmettre à la postérité le souvenir d'un personnage ou d'un événement.

auraient l'esprit plus fort que nous [1]. De quel droit nous feront-ils peur sans que nous leur en fassions ? Je croirais même, ajoutai-je en riant, que comme un nombre prodigieux d'hommes ont été assez fous, et le sont encore assez pour adorer la Lune, il y a des gens dans la Lune qui adorent aussi la Terre, et que nous sommes à genoux les uns devant les autres. Après cela, dit-elle, nous pouvons bien prétendre à envoyer des influences à la Lune, et à donner des crises à ses malades ; mais comme il ne faut qu'un peu d'esprit et d'habileté dans les gens de ce pays-là pour détruire tous ces honneurs dont nous nous flattons, j'avoue que je crains toujours que nous n'ayons quelque désavantage.

Ne craignez rien, répondis-je, il n'y a pas d'apparence [2] que nous soyons la seule sotte espèce de l'univers. L'ignorance est quelque chose de bien propre à être généralement répandu [3], et quoique je ne fasse que deviner celle des gens de la Lune, je n'en doute non plus que des nouvelles les plus sûres qui nous viennent de là.

Et quelles sont ces nouvelles sûres, interrompit-elle ? Ce sont celles, répondis-je, qui nous sont rapportées par ces savants qui y voyagent tous les jours avec des lunettes d'approche. Ils vous diront qu'ils y ont découvert des terres, des mers, des lacs, de très hautes montagnes, des abîmes très profonds.

Vous me surprenez, reprit-elle. Je conçois bien qu'on peut découvrir sur la Lune des montagnes et des abîmes, cela se reconnaît apparemment à des inégalités remarquables ; mais comment distinguer des terres et des mers ? On les distingue, répondis-je, parce que les eaux qui laissent passer au travers d'elles-mêmes une partie de la lumière, et qui en renvoient moins, paraissent de loin comme des taches obscures, et que les terres, qui par leur solidité la renvoient toute, sont des endroits plus brillants.

---

1. On remarquera que Fontenelle n'hésite pas à valoriser implicitement la notion d'« esprit fort » qui désignait alors les libres penseurs (voir le chapitre que La Bruyère leur consacre dans ses *Caractères*).
2. Il est peu probable.
3. On peut penser qu'il y a là une allusion ironique au fameux mot de Descartes ouvrant le *Discours de la méthode* (1636) : « Le bon sens est la chose du monde la mieux partagée. »

L'illustre monsieur Cassini, l'homme du monde à qui le ciel est le mieux connu, a découvert sur la Lune quelque chose qui se sépare en deux, se réunit ensuite, et se va perdre dans une espèce de puits [1]. Nous pouvons nous flatter avec bien de l'apparence [2] que c'est une rivière. Enfin on connaît assez toutes ces différentes parties pour leur avoir donné des noms, et ce sont souvent des noms de savants. Un endroit s'appelle Copernic, un autre Archimède, un autre Galilée ; il y a un promontoire des Songes, une mer des Pluies, une mer de Nectar, une mer des Crises [3] ; enfin, la description de la Lune est si exacte qu'un savant qui s'y trouverait présentement ne s'y égarerait non plus [4] que je ferais dans Paris.

Mais, reprit-elle, je serais bien aise de savoir encore plus en détail comment est fait le dedans du pays. Il n'est pas possible, répliquai-je, que messieurs de l'Observatoire [5] vous en instruisent, il faut le demander à Astolfe [6], qui fut conduit dans la Lune par saint Jean. Je vous parle d'une des plus agréables folies [7] de l'Arioste, et je suis sûr que vous serez bien aise de la savoir. J'avoue qu'il eût mieux fait de n'y pas mêler saint Jean, dont le nom est si digne de respect ; mais enfin c'est une licence poétique, qui peut seulement passer pour un peu trop gaie. Cependant tout le poème est dédié à un cardinal [8], et un grand pape [9] l'a honoré d'une approbation éclatante que l'on voit au-devant de quelques éditions. Voici de quoi il

---

1. Gian-Domenico Cassini (1625-1712), astronome italien appelé par Colbert pour diriger l'Observatoire de Paris en 1669. Fontenelle fait ici allusion à la grande carte de la Lune que celui-ci fit graver vers 1680 d'après ses observations faites entre 1672 et 1679. Fontenelle évoque de nouveau cette carte dans le Sixième Soir (voir p. 166, note 4).
2. Selon toute probabilité.
3. Terminologie empruntée à l'*Almagestum novum* (1651-1653) du jésuite Giovanni Battista Riccioli (1598-1671).
4. Pas plus.
5. L'Observatoire de Paris fut fondé par Louis XIV en 1667.
6. Personnage de l'*Orlando Furioso* de l'Arioste. Tout le passage suivant fait référence aux strophes 67 à 87 du chant XXXIV.
7. « Folies : Choses plaisantes, choses jolies et agréables qu'on dit » (Richelet, 1680).
8. Hippolyte d'Este.
9. Léon X.

s'agit. Roland neveu de Charlemagne était devenu fou, parce que la belle Angélique lui avait préféré Médor. Un jour Astolfe, brave paladin, se trouva dans le paradis terrestre qui était sur la cime d'une montagne très haute, où son hippogriffe [1] l'avait porté. Là il rencontra saint Jean, qui lui dit, que pour guérir la folie de Roland, il était nécessaire qu'ils fissent ensemble le voyage de la Lune. Astolfe, qui ne demandait qu'à voir du pays, ne se fait point prier, et aussitôt voilà un chariot de feu qui enlève par les airs l'apôtre et le paladin. Comme Astolfe n'était pas grand philosophe, il fut fort surpris de voir la Lune beaucoup plus grande qu'elle ne lui avait paru de dessus la Terre. Il fut bien plus surpris encore de voir d'autres fleuves, d'autres lacs, d'autres montagnes, d'autres villes, d'autres forêts, et ce qui m'aurait bien surpris aussi, des nymphes qui chassaient dans ces forêts. Mais ce qu'il vit de plus rare dans la Lune, c'était un vallon, où se trouvait tout ce qui se perdait sur la Terre de quelque espèce qu'il [2] fût, et les couronnes et les richesses et la renommée, et une infinité d'espérances, et le temps qu'on donne au jeu, et les aumônes qu'on fait faire après sa mort, et les vers qu'on présente aux princes, et les soupirs des amants [3].

Pour les soupirs des amants, interrompit la Marquise, je ne sais pas si du temps de l'Arioste ils étaient perdus ; mais en ce temps-ci, je n'en connais point qui aillent dans la Lune. N'y eût-il que vous, Madame, repris-je, vous y en avez fait aller un assez bon nombre. Enfin la Lune est si exacte à recueillir ce qui se perd ici-bas, que tout y est, mais l'Arioste ne vous dit cela qu'à l'oreille, tout y est jusqu'à la donation de Constantin [4]. C'est que les papes ont prétendu être maîtres de Rome et de l'Italie, en vertu

---

1. Animal fabuleux, monstre ailé, moitié cheval, moitié griffon.
2. Dans la langue classique, « il » peut avoir la valeur d'un pronom neutre.
3. Ces dernières lignes sont une traduction quasi littérale des vers 577-580 du chant XXXIV de l'*Orlando furioso*.
4. La « Donation de Constantin » au pape Sylvestre est un document apocryphe dont la fausseté avait été démontrée par l'humaniste Lorenzo Valle. L'Arioste semblait y croire encore mais Fontenelle est, quant à lui, évidemment ironique.

d'une donation que l'empereur Constantin leur en avait
faite ; et la vérité est qu'on ne saurait dire ce qu'elle est
devenue. Mais devinez de quelle sorte de chose on ne
trouve point dans la Lune ? de la folie. Tout ce qu'il y
en a jamais eu sur la Terre, s'y est très bien conservé. En
récompense [1] il n'est pas croyable combien il y a dans la
Lune d'esprits perdus. Ce sont autant de fioles pleines
d'une liqueur fort subtile, et qui s'évapore aisément, si
elle n'est enfermée ; et sur chacune de ces fioles est écrit
le nom de celui à qui l'esprit appartient. Je crois que
l'Arioste les met toutes en un tas, mais j'aime mieux me
figurer qu'elles sont rangées bien proprement dans de
longues galeries. Astolfe fut fort étonné de voir que les
fioles de beaucoup de gens qu'il avait crus très sages,
étaient pourtant bien pleines ; et pour moi je suis persuadé
que la mienne s'est remplie considérablement depuis que
je vous entretiens de visions [2], tantôt philosophiques, tantôt poétiques. Mais ce qui me console, c'est qu'il n'est
pas possible que, par tout ce que je vous dis, je ne vous
fasse avoir bientôt aussi une petite fiole dans la Lune. Le
bon paladin ne manqua pas de trouver la sienne parmi
tant d'autres. Il s'en saisit avec la permission de saint
Jean, et reprit tout son esprit par le nez comme de l'eau
de la reine de Hongrie [3] ; mais l'Arioste dit qu'il ne le
porta pas bien loin, et qu'il le laissa retourner dans la
Lune par une folie qu'il fit à quelque temps de là. Il
n'oublia pas la fiole de Roland, qui était le sujet du
voyage. Il eut assez de peine à la porter ; car l'esprit de
ce héros était de sa nature assez pesant, et il n'y en man-
quait pas une seule goutte. Ensuite, l'Arioste, selon sa
louable coutume de dire tout ce qu'il lui plaît, apostrophe
sa maîtresse, et lui dit en de fort beaux vers : « Qui montera aux Cieux ma Belle, pour en rapporter l'Esprit que
vos charmes m'ont fait perdre ? Je ne me plaindrais pas
de cette perte-là, pourvu qu'elle n'allât pas plus loin ;
mais s'il faut que la chose continue comme elle a

---

1. Voir note 2, p. 60.
2. Voir note 2, p. 53.
3. Alcool de romarin en vogue à la fin du XVIIᵉ siècle et censé apaiser
les rhumatismes et les douleurs de la goutte.

commencé, je n'ai qu'à m'attendre à devenir tel que j'ai décrit Roland. Je ne crois pourtant pas que pour ravoir mon Esprit, il soit besoin que j'aille par les Airs, jusque dans la Lune ; mon Esprit ne loge pas si haut ; il va errant sur vos yeux, sur votre bouche, et si vous voulez bien que je m'en ressaisisse, permettez que je le recueille avec mes lèvres [1]. » Cela n'est-il pas joli ? Pour moi, à raisonner comme l'Arioste, je serais d'avis qu'on ne perdît jamais l'esprit que par l'amour ; car vous voyez qu'il ne va pas bien loin, et qu'il ne faut que des lèvres qui sachent le recouvrer ; mais quand on le perd par d'autres voies, comme nous le perdons, par exemple, à philosopher présentement, il va droit dans la Lune, et on ne le rattrape pas quand on veut. En récompense [2], répondit la Marquise, nos fioles seront honorablement dans le quartier des fioles philosophiques ; au lieu que nos esprits iraient peut-être errants sur quelqu'un qui n'en serait pas digne. Mais pour achever de m'ôter le mien, dites-moi, et dites-moi bien sérieusement si vous croyez qu'il y ait des hommes dans la Lune ; car jusqu'à présent vous ne m'en avez pas parlé d'une manière assez positive. Moi, repris-je ? Je ne crois point du tout qu'il y ait des hommes dans la Lune. Voyez combien la face de la nature est changée d'ici à la Chine ; d'autres visages, d'autres figures, d'autres mœurs, et presque d'autres principes de raisonnement. D'ici à la Lune le changement doit être bien plus considérable. Quand on va vers de certaines terres nouvellement découvertes, à peine sont-ce des hommes que les habitants qu'on y trouve, ce sont des animaux à figure humaine, encore quelquefois assez imparfaite, mais presque sans aucune raison humaine [3]. Qui [4] pourrait pousser jusqu'à la Lune, assurément ce ne seraient plus des hommes qu'on y trouverait.

Quelles sortes de gens seraient-ce donc, reprit la Marquise avec un air d'impatience ? De bonne foi, Madame,

---

1. Il s'agit d'une traduction assez fidèle des strophes 1 et 2 du chant XXXV de l'*Orlando furioso*.
2. Voir note 2, p. 60.
3. Allusion à l'Australie, découverte en 1605, et aux Aborigènes.
4. Sur ce latinisme, voir note 1, p. 84.

répliquai-je, je n'en sais rien. S'il se pouvait faire que nous eussions de la raison, et que nous ne fussions pourtant pas hommes, et si d'ailleurs nous habitions la Lune, nous imaginerions-nous bien qu'il y eût ici-bas cette espèce bizarre de créatures qu'on appelle le genre humain ? Pourrions-nous bien nous figurer quelque chose qui eût des passions si folles, et des réflexions si sages ; une durée si courte, et des vues [1] si longues, tant de science sur des choses presque inutiles, et tant d'ignorance sur les plus importantes ; tant d'ardeur pour la liberté, et tant d'inclination à la servitude ; une si forte envie d'être heureux, et une si grande incapacité de l'être ? Il faudrait que les gens de la Lune eussent bien de l'esprit, s'ils devinaient tout cela. Nous nous voyons incessamment [2] nous-mêmes, et nous en sommes encore à deviner comment nous sommes faits. On a été réduit à dire que les dieux étaient ivres de nectar lorsqu'ils firent les hommes, et que quand ils vinrent à regarder leur ouvrage de sang-froid, ils ne purent s'empêcher d'en rire. Nous voilà donc bien en sûreté du côté des gens de la Lune, dit la Marquise, ils ne nous devineront pas ; mais je voudrais que nous les pussions deviner ; car en vérité cela inquiète, de savoir qu'ils sont là-haut, dans cette Lune que nous voyons, et de ne pouvoir pas se figurer comment ils sont faits. Et pourquoi, répondis-je, n'avez-vous point d'inquiétude sur les habitants de cette grande terre australe qui nous est encore entièrement inconnue [3] ? Nous sommes portés eux et nous sur un même vaisseau, dont ils occupent la proue et nous la poupe. Vous voyez que de la poupe à la proue il n'y a aucune communication, et qu'à un bout du navire on ne sait point quelles gens sont à l'autre, ni ce qu'ils y font ; et vous voudriez savoir ce qui se passe dans la Lune, dans cet autre vaisseau qui flotte loin de nous par les cieux ?

---

1. « Le but, la fin que l'on se propose dans une affaire » (*Dictionnaire de l'Académie*, 1694).
2. Sans cesse.
3. Allusion au livre de Gabriel de Foigny, *La Terre australe connue* (1676).

Oh ! reprit-elle, je compte les habitants de la terre australe pour connus, parce qu'assurément ils doivent nous ressembler beaucoup, et qu'enfin on les connaîtra quand on voudra se donner la peine de les aller voir ; ils demeureront toujours là, et ne nous échapperont pas ; mais ces gens de la Lune, on ne les connaîtra jamais, cela est désespérant. Si je vous répondais sérieusement, répliquai-je, qu'on ne sait ce qui arrivera, vous vous moqueriez de moi, et je le mériterais sans doute. Cependant je me défendrais assez bien, si je voulais. J'ai une pensée très ridicule, qui a un air de vraisemblance qui me surprend ; je ne sais où elle peut l'avoir pris, étant aussi impertinente [1] qu'elle est. Je gage que je vais vous réduire à avouer contre toute raison, qu'il pourra y avoir un jour du commerce [2] entre la Terre et la Lune. Remettez-vous dans l'esprit l'état où était l'Amérique avant qu'elle eût été découverte par Christophe Colomb. Ses habitants vivaient dans une ignorance extrême. Loin de connaître les sciences, ils ne connaissaient pas les arts [3] les plus simples et les plus nécessaires. Ils allaient nus, ils n'avaient point d'autres armes que l'arc, ils n'avaient jamais conçu que des hommes pussent être portés par des animaux ; ils regardaient la mer comme un grand espace défendu aux hommes, qui se joignait au ciel, et au-delà duquel il n'y avait rien. Il est vrai qu'après avoir passé des années entières à creuser le tronc d'un gros arbre avec des pierres tranchantes, ils se mettaient sur la mer dans ce tronc, et allaient terre à terre portés par le vent et par les flots. Mais comme ce vaisseau était sujet à être souvent renversé, il fallait qu'ils se missent aussitôt à la nage pour le rattraper, et à proprement parler, ils nageaient toujours, hormis le temps qu'ils s'y délassaient. Qui [4] leur eût dit qu'il y avait une sorte de navigation incomparablement plus parfaite, qu'on pouvait traverser cette étendue infinie d'eaux, de tel côté et de tel sens qu'on voulait,

---

1. « Contraire à la raison, à la bienséance » (*Dictionnaire de l'Académie*, 1694).
2. Des relations.
3. Au sens classique de techniques artisanales.
4. Voir note 1, p. 84.

qu'on s'y pouvait arrêter sans mouvement au milieu des flots émus [1], qu'on était maître de la vitesse avec laquelle on allait, qu'enfin cette mer, quelque vaste qu'elle fût, n'était point un obstacle à la communication des peuples, pourvu seulement qu'il y eût des peuples au-delà, vous pouvez compter qu'ils ne l'eussent jamais cru. Cependant voilà un beau jour le spectacle du monde le plus étrange et le moins attendu qui se présente à eux. De grands corps énormes qui paraissent avoir des ailes blanches, qui volent sur la mer, qui vomissent du feu de toutes parts, et qui viennent jeter sur le rivage des gens inconnus, tout écaillés de fer, disposant comme ils veulent de monstres qui courent sous eux, et tenant en leur main des foudres dont ils terrassent tout ce qui leur résiste. D'où sont-ils venus ? Qui a pu les amener par-dessus les mers ? Qui a mis le feu en leur disposition ? Sont-ce les enfants du Soleil [2] ? car assurément ce ne sont pas des hommes. Je ne sais, Madame, si vous entrez comme moi dans la surprise des Américains ; mais jamais il ne peut y en avoir eu une pareille dans le monde. Après cela je ne veux plus jurer qu'il ne puisse y avoir commerce quelque jour entre la Lune et la Terre. Les Américains eussent-ils cru qu'il eût dû y en avoir entre l'Amérique et l'Europe qu'ils ne connaissaient seulement pas ? Il est vrai qu'il faudra traverser ce grand espace d'air et de ciel qui est entre la Terre et la Lune ; mais ces grandes mers paraissaient-elles aux Américains plus propres à être traversées ? En vérité, dit la Marquise en me regardant, vous êtes fou. Qui vous dit le contraire ? répondis-je. Mais je veux vous le prouver, reprit-elle, je ne me contente pas de l'aveu que vous en faites. Les Américains étaient si ignorants qu'ils n'avaient garde de soupçonner qu'on pût se faire des chemins au travers des mers si vastes ; mais nous qui avons tant de connaissances, nous nous figurerions bien qu'on

---

1. En mouvement. Fontenelle joue donc ici de l'antithèse grâce à ce que la rhétorique appelait un polyptote (rapprochement de mots dérivés d'un même radical).
2. De 1686 à 1724, cette question était précédée d'une autre : « Sont-ce des dieux ? » Elle fut supprimée dans la réédition de 1728 et ne fut jamais rétablie par Fontenelle.

pût aller par les airs, si l'on pouvait effectivement y aller.
On fait plus que se figurer la chose possible, répliquai-je,
on commence déjà à voler un peu ; plusieurs personnes
différentes ont trouvé le secret de s'ajuster des ailes qui
les soutinssent en l'air, de leur donner du mouvement, et
de passer par-dessus des rivières. À la vérité, ce n'a pas
été un vol d'aigle, et il en a quelquefois coûté à ces nouveaux oiseaux un bras ou une jambe [1] ; mais enfin cela
ne représente encore que les premières planches que l'on
a mises sur l'eau, et qui ont été le commencement de la
navigation. De ces planches-là, il y avait bien loin jusqu'à
de gros navires qui pussent faire le tour du monde.
Cependant peu à peu sont venus les gros navires. L'art
de voler ne fait encore que de naître, il se perfectionnera,
et quelque jour on ira jusqu'à la Lune. Prétendons-nous
avoir découvert toutes choses, ou les avoir mises à un
point qu'on n'y puisse rien ajouter ? Eh de grâce, consen-
tons qu'il y ait encore quelque chose à faire pour les
siècles à venir. Je ne consentirai point, dit-elle, qu'on vole
jamais, que d'une manière à se rompre aussitôt le cou.
Eh bien, lui répondis-je, si vous voulez qu'on vole toujours si mal ici, on volera mieux dans la Lune ; ses habitants seront plus propres que nous à ce métier ; car il
n'importe que nous allions là, ou qu'ils viennent ici ; et
nous serons comme les Américains qui ne se figuraient
pas qu'on pût naviguer, quoiqu'à l'autre bout du monde
on naviguât fort bien. Les gens de la Lune seraient donc
déjà venus, reprit-elle presque en colère ? Les Européens
n'ont été en Amérique qu'au bout de six mille ans [2], répliquai-je en éclatant de rire, il leur fallut ce temps-là pour
perfectionner la navigation jusqu'au point de pouvoir tra-

---

1. Allusion à diverses tentatives malheureuses, dont peut-être celle du
marquis de Bacqueville qui avait tenté de traverser la Seine en se jetant
du haut d'un toit, et celle d'un serrurier de Sablé nommé Besnier qui
avait inventé un système de voiles à levier mues par les mains et les
pieds.
2. Ce chiffre renvoie à une chronologie traditionnelle (tirée de la Bible)
qui date la Création, selon les versions, entre quatre et six mille ans
avant Jésus-Christ. (Cf. le premier fragment des *Caractères* de La
Bruyère : « Tout est dit et l'on vient trop tard depuis plus de sept mille
ans qu'il y a des hommes et qui pensent. »)

verser l'Océan. Les gens de la Lune savent peut-être déjà faire de petits voyages dans l'air, à l'heure qu'il est, ils s'exercent ; quand ils seront plus habiles et plus expérimentés, nous les verrons, et Dieu sait quelle surprise. Vous êtes insupportable, dit-elle, de me pousser à bout avec un raisonnement aussi creux que celui-là. Si vous me fâchez, repris-je, je sais bien ce que j'ajouterai encore pour le fortifier. Remarquez que le monde se développe [1] peu à peu. Les Anciens se tenaient bien sûrs que la zone torride et les zones glaciales ne pouvaient être habitées à cause de l'excès ou du chaud ou du froid ; et du temps des Romains la carte générale de la Terre n'était guère plus étendue que la carte de leur empire, ce qui avait de la grandeur en un sens, et marquait beaucoup d'ignorance en un autre. Cependant il ne laissa pas [2] de se trouver des hommes, et dans des pays très chauds, et dans des pays très froids ; voilà déjà le monde augmenté. Ensuite on jugea que l'Océan couvrait toute la Terre, hormis ce qui était connu alors, et qu'il n'y avait point d'antipodes, car on n'en avait jamais ouï parler, et puis, auraient-ils eu les pieds en haut, et la tête en bas [3] ? Après ce beau raisonnement on découvre pourtant les antipodes. Nouvelle réformation à la carte [4], nouvelle moitié de la Terre. Vous m'entendez bien, Madame, ces antipodes-là qu'on a trouvés contre toute espérance, devraient nous apprendre à être retenus dans nos jugements. Le monde achèvera peut-être de se développer pour nous, on connaîtra jusqu'à la Lune. Nous n'en sommes pas encore là, parce que toute la Terre n'est pas découverte, et qu'apparemment il faut que tout cela se fasse d'ordre. Quand nous aurons bien connu notre habitation, il nous sera permis de connaître celle de nos voisins, les gens de la Lune. Sans mentir, dit la marquise en me regardant attentivement, je

---

1. C'est-à-dire : se déploie et s'élargit grâce aux nouvelles découvertes. Cet élargissement du monde et de l'univers est l'un des thèmes essentiels des *Entretiens*.
2. Voir note 2, p. 51.
3. Le débat sur l'existence des antipodes est très ancien lorsque Fontenelle écrit ces lignes. Saint Augustin, en particulier, en niait l'existence (*La Cité de Dieu*, livre 16, chap. 9).
4. Nouvelle modification de la mappemonde.

vous trouve si profond sur cette matière, qu'il n'est pas possible que vous ne croyiez tout de bon ce que vous dites. J'en serais bien fâché, répondis-je, je veux seulement vous faire voir qu'on peut assez bien soutenir une opinion chimérique, pour embarrasser une personne d'esprit, mais non pas assez bien pour la persuader. Il n'y a que la vérité qui persuade, même sans avoir besoin de paraître avec toutes ses preuves. Elle entre si naturellement dans l'esprit que, quand on l'apprend pour la première fois, il semble qu'on ne fasse que s'en souvenir. Ah ! vous me soulagez, répliqua la Marquise, votre faux raisonnement m'incommodait, et je me sens plus en état d'aller me coucher tranquillement, si vous voulez bien que nous nous retirions.

TROISIÈME SOIR

PARTICULARITÉS DU MONDE DE LA LUNE.
QUE LES AUTRES PLANÈTES SONT HABITÉES AUSSI

La Marquise voulut m'engager pendant le jour à poursuivre nos entretiens, mais je lui représentai que nous ne devions confier de telles rêveries qu'à la Lune et aux étoiles, puisque aussi bien elles en étaient l'objet. Nous ne manquâmes pas d'aller le soir dans le parc, qui devenait un lieu consacré à nos conversations savantes.

J'ai bien des nouvelles à vous apprendre, lui dis-je ; la Lune que je vous disais hier, qui selon toutes les apparences était habitée, pourrait bien ne l'être point ; j'ai pensé à une chose qui met ses habitants en péril. Je ne souffrirai point cela, répondit-elle. Hier vous m'aviez préparée à voir ces gens-là venir ici au premier jour, et aujourd'hui ils ne seraient seulement pas au monde ? Vous ne vous jouerez point ainsi de moi, vous m'avez fait croire les habitants de la Lune, j'ai surmonté la peine que j'y avais, je les croirai. Vous allez bien vite, repris-je, il faut ne donner que la moitié de son esprit aux choses de cette espèce que l'on croit, et en réserver une autre moitié libre, où le contraire puisse être admis, s'il en est besoin. Je ne me paie point de sentences, répliqua-t-elle, allons au fait. Ne faut-il pas raisonner de la Lune comme de Saint-Denis ? Non, répondis-je, la Lune ne ressemble pas autant à la Terre que Saint-Denis ressemble à Paris. Le Soleil élève de la Terre et des eaux des exhalaisons et des vapeurs, qui montant en l'air jusqu'à quelque hauteur, s'y assemblent, et forment les nuages [1]. Ces nuages

---

1. Cette théorie de la formation des nuages est celle du cartésianisme

suspendus voltigent irrégulièrement autour de notre globe, et ombragent tantôt un pays, tantôt un autre. Qui verrait la Terre de loin remarquerait souvent quelques changements sur sa surface, parce qu'un grand pays couvert par des nuages serait un endroit obscur, et deviendrait plus lumineux dès qu'il serait découvert. On verrait des taches qui changeraient de place, ou s'assembleraient diversement, ou disparaîtraient tout à fait. On verrait donc aussi ces mêmes changements sur la surface de la Lune, si elle avait des nuages autour d'elle ; mais tout au contraire, toutes ses taches sont fixes, ses endroits lumineux le sont toujours, et voilà le malheur. À ce compte-là, le Soleil n'élève point de vapeurs, ni d'exhalaisons de dessus la Lune. C'est donc un corps infiniment plus dur et plus solide que notre Terre, dont les parties les plus subtiles se dégagent aisément d'avec les autres, et montent en haut dès qu'elles sont mises en mouvement par la chaleur. Il faut que ce soit quelque amas de rochers et de marbres où il ne se fait point d'évaporations ; d'ailleurs, elles se font si naturellement et si nécessairement, où il y a des eaux, qu'il ne doit point y avoir d'eaux où il ne s'en fait point. Qui sont donc les habitants de ces rochers qui ne peuvent rien produire, et de ce pays qui n'a point d'eaux ? Et quoi, s'écria-t-elle, il ne vous souvient plus que vous m'avez assurée qu'il y avait dans la Lune des mers que l'on distinguait d'ici ? Ce n'est qu'une conjecture, répondis-je, j'en suis bien fâché ; ces endroits obscurs, qu'on prend pour des mers, ne sont peut-être que de grandes cavités. De la distance où nous sommes, il est permis de ne pas deviner tout à fait juste. Mais, dit-elle, cela suffira-t-il pour nous faire abandonner les habitants de la Lune ? Non pas tout à fait, Madame, répondis-je, nous ne nous déterminerons ni pour eux, ni contre eux. Je vous avoue ma faiblesse, répliqua-t-elle, je ne suis point capable d'une si parfaite indétermination, j'ai besoin de croire. Fixez-moi promptement à une opinion sur les habitants de la Lune ; conservons-les, ou anéantissons-les pour jamais, et qu'il n'en soit plus parlé ;

(elle est développée en particulier dans le *Traité de physique* de Jacques Rohault, 1671).

mais conservons-les plutôt, s'il se peut, j'ai pris pour eux une inclination que j'aurais de la peine à perdre. Je ne laisserai donc pas la Lune déserte, repris-je, repeuplons-la pour vous faire plaisir. À la vérité, puisque l'apparence des taches de la Lune ne change point, on ne peut pas croire qu'elle ait des nuages autour d'elle, qui ombragent tantôt une partie, tantôt une autre, mais ce n'est pas à dire qu'elle ne pousse point hors d'elle de vapeurs, ni d'exhalaisons. Nos nuages que nous voyons portés en l'air ne sont que des exhalaisons et des vapeurs, qui au sortir de la Terre étaient séparées en trop petites parties pour pouvoir être vues, et qui ont rencontré un peu plus haut un froid qui les a resserrées, et rendues visibles par la réunion de leurs parties, après quoi ce sont de gros nuages qui flottent en l'air, où ils sont des corps étrangers, jusqu'à ce qu'ils retombent en pluies. Mais ces mêmes vapeurs, et ces mêmes exhalaisons se tiennent quelquefois assez dispersées pour être imperceptibles, et ne se ramassent qu'en formant des rosées très subtiles, qu'on ne voit tomber d'aucune nuée. Je suppose donc qu'il sorte des vapeurs de la Lune ; car enfin il faut qu'il en sorte ; il n'est pas croyable que la Lune soit une masse dont toutes les parties soient d'une égale solidité, toutes également en repos les unes auprès des autres, toutes incapables de recevoir aucun changement par l'action du Soleil sur elles ; nous ne connaissons aucun corps de cette nature, les marbres mêmes n'en sont pas ; tout [1] ce qui est le plus solide change et s'altère, ou par le mouvement secret et invisible qu'il a en lui-même, ou par celui qu'il reçoit de dehors. Mais les vapeurs de la Lune ne se rassembleront point autour d'elle en nuages, et ne retomberont point sur elle en pluies, elles ne formeront que des rosées. Il suffit pour cela, que l'air dont apparemment la Lune est environnée en son particulier, comme notre Terre l'est du sien, soit un peu différent de notre air, et les vapeurs de la Lune un peu différentes des vapeurs de la Terre, ce qui est quelque chose de plus que vraisemblable. Sur ce pied-là, il faudra que la matière étant dis-

---

1. Même ce qui est le plus solide.

posée dans la Lune autrement que sur la Terre, les effets soient différents, mais il n'importe ; du moment que nous avons trouvé un mouvement intérieur dans les parties de la Lune, ou produit par des causes étrangères, voilà ses habitants qui renaissent, et nous avons le fond nécessaire pour leur subsistance. Cela nous fournira des fruits, des blés, des eaux, et tout ce que nous voudrons. J'entends des fruits, des blés, des eaux à la manière de la Lune, que je fais profession [1] de ne pas connaître, le tout proportionné aux besoins de ses habitants, que je ne connais pas non plus.

C'est-à-dire, me dit la Marquise, que vous savez seulement que tout est bien, sans savoir comment il est ; c'est beaucoup d'ignorance sur bien peu de science ; mais il faut s'en consoler, je suis encore trop heureuse que vous ayez rendu à la Lune ses habitants. Je suis même fort contente que vous lui donniez un air qui l'enveloppe en son particulier, il me semblerait désormais que sans cela une planète serait trop nue.

Ces deux airs différents, repris-je, contribuent à empêcher la communication des deux planètes. S'il ne tenait qu'à voler, que savons-nous, comme je vous disais hier, si on ne volera pas fort bien quelque jour ? J'avoue pourtant qu'il n'y a pas beaucoup d'apparence [2]. Le grand éloignement de la Lune à la Terre serait encore une difficulté à surmonter, qui est assurément considérable ; mais quand même elle ne s'y rencontrerait pas, quand même les deux planètes seraient fort proches, il ne serait pas possible de passer de l'air de l'une dans l'air de l'autre. L'eau est l'air des poissons, ils ne passent jamais dans l'air des oiseaux, ni les oiseaux dans l'air des poissons ; ce n'est pas la distance qui les en empêche, c'est que chacun a pour prison l'air qu'il respire. Nous trouvons que le nôtre est mêlé de vapeurs plus épaisses et plus grossières que celui de la Lune. À ce compte un habitant de la Lune qui serait arrivé aux confins de notre monde, se noierait dès qu'il entrerait dans notre air, et nous le verrions tomber mort sur la Terre.

---

1. *Faire profession* : déclarer publiquement.
2. Voir note 2, p. 89.

Oh, que j'aurais d'envie, s'écria la Marquise, qu'il arri-
vât quelque grand naufrage qui répandît ici bon nombre
de ces gens-là, dont nous irions considérer à notre aise
les figures extraordinaires ! Mais répliquai-je, s'ils étaient
assez habiles pour naviguer sur la surface extérieure de
notre air, et que de là par la curiosité de nous voir, ils
nous pêchassent comme des poissons, cela vous plairait-
il ? Pourquoi non, répondit-elle en riant ? Pour moi, je
me mettrais de mon propre mouvement dans leurs filets,
seulement pour avoir le plaisir de voir ceux qui m'auraient pêchée.

Songez, répliquai-je, que vous n'arriveriez que bien
malade au haut de notre air, il n'est pas respirable pour
nous dans toute son étendue, il s'en faut bien ; on dit
qu'il ne l'est déjà presque plus au haut de certaines
montagnes, et je m'étonne bien que ceux qui ont la
folie de croire que des génies corporels habitent l'air le
plus pur, ne disent aussi que ce qui fait que ces génies
ne nous rendent que des visites et très rares et très
courtes, c'est qu'il y en a peu d'entre eux qui sachent
plonger, et que ceux-là même ne peuvent faire jusqu'au
fond de cet air épais, où nous sommes, que des plon-
geons de très peu de durée [1]. Voilà donc bien des bar-
rières naturelles qui nous défendent la sortie de notre
monde, et l'entrée de celui de la Lune. Tâchons du
moins pour notre consolation de deviner ce que nous
pourrons de ce monde-là. Je crois, par exemple, qu'il
faut qu'on y voie le ciel, le Soleil, et les astres d'une
autre couleur que nous ne les voyons. Tous ces objets
ne nous paraissent qu'au travers d'une espèce de lunette
naturelle qui nous les change. Cette lunette, c'est notre
air, mêlé comme il est de vapeurs et d'exhalaisons, et
qui ne s'étend pas bien haut. Quelques Modernes prétendent que de lui-même il est bleu aussi bien que l'eau
de la mer, et que cette couleur ne paraît dans l'un et

---

1. Cette remarque sur les Génies corporels est sans doute une allusion
au « Démon de Levania » dans *Le Songe* de Kepler (voir dossier).
Celui-ci soulignait déjà l'impossibilité de respirer pour qui se rendrait
de la Lune à la Terre.

dans l'autre qu'à une grande profondeur [1]. Le ciel, disent-ils, où sont attachées les étoiles fixes, n'a de lui-même aucune lumière, et par conséquent il devrait paraître noir ; mais on le voit au travers de l'air qui est bleu, et il paraît bleu. Si cela est, les rayons du Soleil et des étoiles ne peuvent passer au travers de l'air sans se teindre un peu de sa couleur, et prendre autant de celle qui leur est naturelle. Mais quand même l'air ne serait pas coloré de lui-même, il est certain qu'au travers d'un gros brouillard, la lumière d'un flambeau qu'on voit un peu de loin paraît toute rougeâtre, quoique ce ne soit pas sa vraie couleur ; et notre air n'est non plus [2] qu'un gros brouillard qui nous doit altérer la vraie couleur, et du ciel, et du Soleil, et des étoiles. Il n'appartiendrait qu'à la matière céleste de nous apporter la lumière et les couleurs dans toute leur pureté, et telles qu'elles sont. Ainsi puisque l'air de la Lune est d'une autre nature que notre air, ou il est teint en lui-même d'une autre couleur, ou du moins c'est un autre brouillard qui cause une autre altération aux couleurs des corps célestes. Enfin, à l'égard des gens de la Lune, cette lunette, au travers de laquelle on voit tout, est changée.

Cela me fait préférer notre séjour à celui de la Lune, dit la Marquise, je ne saurais croire que l'assortiment des couleurs célestes y soit aussi beau qu'il l'est ici. Mettons, si vous voulez, un ciel rouge et des étoiles vertes, l'effet n'est pas si agréable que des étoiles couleur d'or sur du bleu. On dirait à vous entendre, repris-je, que vous assortiriez un habit ou un meuble ; mais, croyez-moi, la nature a bien de l'esprit ; laissez-lui le soin d'inventer un assortiment de couleurs pour la Lune, et je vous garantis qu'il sera bien entendu. Elle n'aura pas manqué de varier le spectacle de l'univers à chaque point de vue différent, et de le varier d'une manière toujours agréable.

Je reconnais son adresse, interrompit la Marquise, elle s'est épargné la peine de changer les objets pour chaque

---

1. Allusion probable au traité sur la *Nature de l'air* de l'abbé Edme Mariotte publié dans ses *Essais de physique* (1679-1681).
2. Rien de plus.

point de vue, elle n'a changé que les lunettes, et elle a l'honneur de cette grande diversité, sans en avoir fait la dépense. Avec un air bleu, elle nous donne un ciel bleu, et peut-être avec un air rouge, elle donne un ciel rouge aux habitants de la Lune, c'est pourtant toujours le même ciel. Il me paraît qu'elle nous a mis dans l'imagination certaines lunettes, au travers desquelles on voit tout, et qui changent fort les objets à l'égard de chaque homme. Alexandre [1] voyait la Terre comme une belle place bien propre à y établir un grand empire. Céladon ne la voyait que comme le séjour d'Astrée [2]. Un philosophe la voit comme une grosse planète qui va par les cieux, toute couverte de fous. Je ne crois pas que le spectacle change plus de la Terre à la Lune, qu'il fait ici d'imagination à imagination.

Le changement de spectacle est plus surprenant dans nos imaginations, répliquai-je, car ce ne sont que les mêmes objets qu'on voit si différemment ; du moins dans la Lune on peut voir d'autres objets, ou ne pas voir quelques-uns de ceux qu'on voit ici. Peut-être ne connaissent-ils point en ce pays-là l'aurore ni les crépuscules. L'air qui nous environne, et qui est élevé au-dessus de nous, reçoit des rayons qui ne pourraient pas tomber sur la Terre ; et parce qu'il est fort grossier, il en arrête une partie, et nous les renvoie, quoiqu'ils ne nous fussent pas naturellement destinés. Ainsi l'aurore et les crépuscules sont une grâce que la nature nous fait ; c'est une lumière que régulièrement [3] nous ne devrions point avoir, et qu'elle nous donne par-dessus ce qui nous est dû. Mais dans la Lune, où apparemment l'air est plus pur, il pourrait bien n'être pas si propre à renvoyer en en-bas [4] les rayons qu'il reçoit avant que le Soleil se lève, ou après qu'il est couché. Les pauvres habitants n'ont donc point cette lumière de faveur, qui en se fortifiant peu à peu, les

---

1. Dans le Cinquième Soir, on trouve une allusion plus développée à Alexandre le Grand (356-323 av. J.-C.).
2. Allusion aux deux principaux personnages de *L'Astrée* d'Honoré d'Urfé (voir note 5, p. 66).
3. Logiquement.
4. Vers le bas.

préparerait agréablement à l'arrivée du Soleil, ou qui en s'affaiblissant comme de nuance en nuance, les accoutumerait à sa perte. Ils sont dans des ténèbres profondes, et tout d'un coup il semble qu'on tire un rideau, voilà leurs yeux frappés de tout l'éclat qui est dans le Soleil ; ils sont dans une lumière vive et éclatante, et tout d'un coup les voilà tombés dans des ténèbres profondes. Le jour et la nuit ne sont point liés par un milieu qui tienne de l'un et de l'autre. L'arc-en-ciel est encore une chose qui manque aux gens de la Lune ; car si l'aurore est un effet de la grossièreté de l'air et des vapeurs, l'arc-en-ciel se forme dans les pluies qui tombent en certaines circonstances, et nous devons les plus belles choses du monde à celles qui le sont le moins. Puisqu'il n'y a autour de la Lune ni vapeurs assez grossières, ni nuages pluvieux, adieu l'arc-en-ciel avec l'aurore, et à quoi ressembleront les belles de ce pays-là ? Quelle source de comparaisons perdue ?

Je n'aurais pas grand regret à ces comparaisons-là, dit la Marquise, et je trouve qu'on est assez bien récompensé [1] dans la Lune, de n'avoir ni aurore ni arc-en-ciel ; car on ne doit avoir par la même raison ni foudres ni tonnerres, puisque ce sont aussi des choses qui se forment dans les nuages. On a de beaux jours toujours sereins, pendant lesquels on ne perd point le Soleil de vue. On n'a point de nuits où toutes les étoiles ne se montrent ; on ne connaît ni les orages, ni les tempêtes, ni tout ce qui paraît être un effet de la colère du ciel ; trouvez-vous qu'on soit tant à plaindre ? Vous me faites voir la Lune comme un séjour enchanté, répondis-je ; cependant je ne sais s'il est si délicieux d'avoir toujours sur la tête, pendant des jours qui en valent quinze des nôtres, un Soleil ardent dont aucun nuage ne modère la chaleur. Peut-être aussi est-ce à cause de cela que la nature a creusé dans la Lune des espèces de puits, qui sont assez grands pour être aperçus par nos lunettes ; car ce ne sont point des vallées qui soient entre des montagnes, ce sont des creux que l'on voit au milieu de certains lieux plats et en très

---

1. Dédommagé.

grand nombre. Que sait-on si les habitants de la Lune, incommodés par l'ardeur perpétuelle du Soleil, ne se réfugient point dans ces grands puits ? Ils n'habitent peut-être point ailleurs, c'est là qu'ils bâtissent leurs villes [1]. Nous voyons ici que la Rome souterraine est plus grande que la Rome qui est sur Terre. Il ne faudrait qu'ôter celle-ci, le reste serait une ville à la manière de la Lune. Tout un peuple est dans un puits, et d'un puits à l'autre il y a des chemins souterrains pour la communication des peuples. Vous vous moquez de cette vision, j'y consens de tout mon cœur ; cependant à vous parler très sérieusement, vous pourriez vous tromper plutôt que moi. Vous croyez que les gens de la Lune doivent habiter sur la surface de leur planète, parce que nous habitons sur la surface de la nôtre : c'est tout le contraire, puisque nous habitons sur la surface de notre planète, ils pourraient bien n'habiter pas sur la surface de la leur. D'ici là il faut que toutes choses soient bien différentes.

Il n'importe, dit la Marquise, je ne puis me résoudre à laisser vivre les habitants de la Lune dans une obscurité perpétuelle. Vous y auriez encore plus de peine, reprisje, si vous saviez qu'un grand philosophe de l'Antiquité a fait de la Lune le séjour des âmes qui ont mérité ici d'être bienheureuses [2]. Toute leur félicité consiste en ce qu'elles y entendent l'harmonie que les corps célestes font par leurs mouvements ; mais comme il prétend que quand la Lune tombe dans l'ombre de la Terre, elles ne peuvent plus entendre cette harmonie, alors, dit-il, ces âmes crient comme des désespérées, et la Lune se hâte le plus qu'elle peut de les tirer d'un endroit si fâcheux. Nous devrions donc, répliqua-t-elle, voir arriver ici les bienheureux de la Lune, car apparemment on nous les envoie aussi ; et dans ces deux planètes on croit avoir assez pourvu à la félicité des âmes, de les avoir transportées dans un autre monde. Sérieusement, repris-je, ce

---

1. Cette spéculation est probablement un souvenir du *Songe* de Kepler (voir l'« Appendice sélénographique » dans le dossier).
2. Allusion à Plutarque et à son ouvrage *Du visage qui apparaît dans la lune.*

ne serait pas un plaisir médiocre [1] de voir plusieurs mondes différents. Ce voyage me réjouit quelquefois beaucoup à ne le faire qu'en imagination, et que serait-ce, si on le faisait en effet [2] ? cela vaudrait bien mieux que d'aller d'ici au Japon, c'est-à-dire de ramper avec beaucoup de peine d'un point de la Terre sur un autre, pour ne voir que des hommes. Eh bien, dit-elle, faisons le voyage des planètes comme nous pourrons, qui [3] nous en empêche ? Allons nous placer dans tous ces différents points de vue, et de là considérons l'univers. N'avons-nous plus rien à voir dans la Lune ? Ce monde-là n'est pas encore épuisé [4], répondis-je. Vous vous souvenez bien que les deux mouvements, par lesquels la Lune tourne sur elle-même et autour de nous, étant égaux, l'un rend toujours à nos yeux ce que l'autre leur devrait dérober, et qu'ainsi elle nous présente toujours la même face. Il n'y a donc que cette moitié-là qui nous voie ; et comme la Lune doit être censée ne tourner point sur son centre à notre égard, cette moitié qui nous voit, nous voit toujours attachés au même endroit du ciel. Quand elle est dans la nuit, et ces nuits-là valent quinze de nos jours, elle voit d'abord un petit coin de la Terre éclairé, ensuite un plus grand, et presque d'heure en heure la lumière lui paraît se répandre sur la face de la Terre jusqu'à ce qu'enfin elle la couvre entière ; au lieu que ces mêmes changements ne nous paraissent arriver sur la Lune que d'une nuit à l'autre, parce que nous la perdons longtemps de vue. Je voudrais bien pouvoir deviner les mauvais raisonnements que font les philosophes de ce monde-là, sur ce que notre Terre leur paraît immobile, lorsque tous les autres corps célestes se lèvent et se couchent sur leurs têtes en quinze jours. Ils attribuent apparemment [5] cette immobilité à sa grosseur ; car elle est soixante fois plus grosse que la Lune, et quand les poètes veulent louer les

---

1. Modéré.
2. Réellement.
3. *Qui* peut être compris ici comme un pronom interrogatif neutre (= qu'est-ce qui... ?).
4. Nous n'avons pas encore tout dit de ce monde-là.
5. Probablement.

Princes oisifs [1], je ne doute pas qu'ils ne se servent de l'exemple de ce repos majestueux. Cependant ce n'est pas un repos parfait. On voit fort sensiblement de dedans la Lune notre Terre tourner sur son centre. Imaginez-vous notre Europe, notre Asie, notre Amérique, qui se présentent à eux l'une après l'autre en petit et différemment figurées, à peu près comme nous les voyons sur les cartes. Que ce spectacle doit paraître nouveau aux voyageurs qui passent de la moitié de la Lune qui ne nous voit jamais à celle qui nous voit toujours ! Ah ! que l'on s'est bien gardé de croire les relations des premiers qui en ont parlé, lorsqu'ils ont été de retour en ce grand pays auquel nous sommes inconnus ! Il me vient à l'esprit, dit la Marquise, que de ce pays-là dans l'autre il se fait des espèces de pèlerinages pour venir nous considérer, et qu'il y a des honneurs et des privilèges pour ceux qui ont vu une fois en leur vie la grosse planète [2]. Du moins, repris-je, ceux qui la voient ont le privilège d'être mieux éclairés pendant leurs nuits, l'habitation de l'autre moitié de la Lune doit être beaucoup moins commode à cet égard-là. Mais, Madame, continuons le voyage que nous avions entrepris de faire de planète en planète, nous avons assez exactement visité la Lune. Au sortir de la Lune, en tirant vers le Soleil, on trouve Vénus. Sur Vénus je reprends le Saint-Denis. Vénus tourne sur elle-même, et autour du Soleil comme la Lune ; on découvre avec les lunettes d'approche, que Vénus aussi bien que la Lune est tantôt en croissant, tantôt en décours, tantôt pleine selon les diverses situations où elle est à l'égard de la Terre. La Lune, selon toutes les apparences, est habitée, pourquoi Vénus ne le sera-t-elle pas aussi ? Mais, interrompit la Marquise, en disant toujours *pourquoi non ?* vous m'allez mettre des habitants dans toutes les planètes ? N'en doutez pas, répliquai-je, ce *pourquoi non ?* a une vertu qui

---

1. L'adjectif conserve ici les connotations nobles que l'*otium* avait dans l'Antiquité (par opposition au *negotium*) : l'oisiveté, privilège de ceux qui n'ont pas à travailler pour vivre, a longtemps été un signe de majesté.
2. Allusion aux honneurs dus aux musulmans qui ont fait le pèlerinage de La Mecque.

peuplera tout. Nous voyons que toutes les planètes sont de la même nature, toutes des corps opaques qui ne reçoivent de la lumière que du Soleil, qui se la renvoient les uns aux autres, et qui n'ont que les mêmes mouvements, jusque-là tout est égal. Cependant il faudrait concevoir que ces grands corps auraient été faits pour n'être point habités, que ce serait là leur condition naturelle, et qu'il y aurait une exception justement en faveur de la Terre toute seule. Qui voudra le croire, le croie ; pour moi, je ne m'y puis pas résoudre. Je vous trouve, dit-elle, bien affermi dans votre opinion depuis quelques instants. Je viens de voir le moment que la Lune serait déserte, et que vous ne vous en souciez pas beaucoup, et présentement si on osait vous dire que toutes les planètes ne sont pas aussi habitées que la Terre, je vois bien que vous vous mettriez en colère. Il est vrai, répondis-je, que dans le moment où vous venez de me surprendre, si vous m'eussiez contredit sur les habitants des planètes, non seulement je vous les aurais soutenus, mais je crois que je vous aurais dit comment ils étaient faits. Il y a des moments pour croire, et je ne les ai jamais si bien crus que dans celui-là ; présentement même que je suis un peu plus de sang-froid, je ne laisse pas [1] de trouver qu'il serait bien étrange que la Terre fût aussi habitée qu'elle l'est, et que les autres planètes ne le fussent point du tout ; car ne croyez pas que nous voyions tout ce qui habite la Terre ; il y a autant d'espèces d'animaux invisibles que de visibles. Nous voyons depuis l'éléphant, jusqu'au ciron, là finit notre vue ; mais au ciron commence une multitude infinie d'animaux, dont il est l'éléphant, et que nos yeux ne sauraient apercevoir sans secours [2]. On a vu avec des lunettes de très petites gouttes d'eau de pluie, ou de vinaigre, ou d'autres liqueurs, remplies de petits poissons ou de petits serpents que l'on n'aurait jamais soupçonnés d'y habiter, et quelques philosophes croient

---

1. Voir note 2, p. 51.
2. Allusion au célèbre fragment de Pascal sur les deux infinis (fragment 72 de l'édition Brunschvicg), mais l'exemple du ciron (minuscule arachnide, acarien du fromage) se trouve aussi dans l'*Histoire comique de Francion* de Sorel (1623).

que le goût qu'elles font sentir sont les piqûres que ces petits animaux font à la langue[1]. Mêlez de certaines choses dans quelques-unes de ces liqueurs, ou exposez-les au Soleil, ou laissez-les se corrompre, voilà aussitôt de nouvelles espèces de petits animaux[2].

Beaucoup de corps qui paraissent solides ne sont presque que des amas de ces animaux imperceptibles, qui y trouvent pour leurs mouvements autant de liberté qu'il leur en faut. Une feuille d'arbre est un petit monde habité par des vermisseaux invisibles, à qui elle paraît d'une étendue immense, qui y connaissent des montagnes et des abîmes, et qui d'un côté de la feuille à l'autre n'ont pas plus de communication avec les autres vermisseaux qui y vivent, que nous avec nos antipodes. À plus forte raison, ce me semble, une grosse planète sera-t-elle un monde habité. On a trouvé jusque dans des espèces de pierres très dures de petits vers sans nombre, qui y étaient logés de toutes parts dans des vides insensibles[3], et qui ne se nourrissaient que de la substance de ces pierres

---

1. Le microscope optique fait l'objet d'un véritable engouement au moment où Fontenelle rédige ses *Entretiens*. Durant l'année 1678 notamment, le *Journal des savants* ne cesse de publier des articles ou des lettres de savants consacrés à cet instrument. (Voir à ce sujet la mise au point de Nicolas Petit dans *L'Éphémère, l'occasionnel et le non-livre (XVᵉ-XVIIIᵉ siècles)*, Paris, Klincksieck, 1997, p. 137-140.) Fontenelle tire d'ailleurs sans doute ses informations de deux lettres publiées dans le *Journal des savants* de 1678 (une de Christian Huygens du 15 août et une de Nicolas Hartsoecker du 29 août) relatant des observations au microscope d'Antoine van Leeuwenhoek. La Bruyère se réfère à ces mêmes observations dans le fragment 44 du chapitre « Des esprits forts », mais dans une intention diamétralement opposée (il s'agit d'admirer le pouvoir infini du Créateur et non d'en déduire que les planètes peuvent être habitées) : « L'on voit dans une goutte d'eau que le poivre qu'on y a mis tremper a altérée, un nombre presque innombrable de petits animaux, dont le microscope nous fait apercevoir la figure, et qui se meuvent avec une rapidité incroyable comme autant de monstres dans une vaste mer ; chacun de ces animaux est plus petit mille fois qu'un ciron... » (La Bruyère, *Les Caractères*, 1692).
2. Cette théorie de la génération spontanée par corruption était répandue au XVIIᵉ siècle et sera le centre de vives polémiques au cours du XVIIIᵉ siècle (voir à ce sujet l'ouvrage de Jacques Roger : *Les Sciences de la vie dans la pensée française du XVIIIᵉ siècle. La génération des animaux de Descartes à l'Encyclopédie*, Paris, 1962).
3. Imperceptibles.

qu'ils rongeaient [1]. Figurez-vous combien il y avait de ces petits vers, et pendant combien d'années ils subsistaient [2] de la grosseur d'un grain de sable ; et sur cet exemple, quand la Lune ne serait qu'un amas de rochers, je la ferais plutôt ronger par ses habitants, que de n'y en pas mettre. Enfin tout est vivant, tout est animé ; mettez toutes ces espèces d'animaux nouvellement découvertes, et même toutes celles que l'on conçoit aisément qui sont encore à découvrir, avec celles que l'on a toujours vues, vous trouverez assurément que la Terre est bien peuplée, et que la nature y a si libéralement répandu les animaux, qu'elle ne s'est pas mise en peine que l'on en vît seulement la moitié. Croirez-vous qu'après qu'elle a poussé ici sa fécondité jusqu'à l'excès, elle a été pour toutes les autres planètes d'une stérilité à n'y rien produire de vivant ?

Ma raison est assez bien convaincue, dit la Marquise, mais mon imagination est accablée de la multitude infinie des habitants de toutes ces planètes, et embarrassée de la diversité qu'il faut établir entre eux ; car je vois bien que la nature, selon qu'elle est ennemie des répétitions, les aura tous faits différents ; mais comment se représenter tout cela ? Ce n'est pas à l'imagination à prétendre se le [3] représenter, répondis-je, elle ne peut aller plus loin que les yeux. On peut seulement apercevoir d'une certaine vue universelle la diversité que la nature doit avoir mise entre tous ces mondes. Tous les visages sont en général sur un même modèle ; mais ceux de deux grandes nations, comme des Européens, si vous voulez, et des Africains ou des Tartares, paraissent être faits sur deux modèles particuliers, et il faudrait encore trouver le modèle des visages de chaque famille. Quel secret doit avoir eu la nature pour varier en tant de manières une chose aussi simple qu'un visage [4] ? Nous ne sommes dans

---

1. Dans son édition critique, A. Calame renvoie à une lettre de M. de la Voye à M. Auzout publiée dans le *Journal des savants* du 9 août 1666 où sont évoqués des vers « qui mangent les pierres de taille de grands bâtiments ».
2. Se nourrissaient.
3. *Le* est ici pronom neutre (= cela).
4. On retrouve des formules analogues chez de nombreux philosophes de l'âge classique, par exemple Malebranche (« On ne peut trouver

l'univers que comme une petite famille, dont tous les visages se ressemblent ; dans une autre planète, c'est une autre famille, dont les visages ont un autre air.

Apparemment les différences augmentent à mesure que l'on s'éloigne, et qui verrait un habitant de la Lune et un habitant de la Terre, remarquerait bien qu'ils seraient de deux mondes plus voisins qu'un habitant de la Terre et un habitant de Saturne. Ici, par exemple, on a l'usage de la voix, ailleurs on ne parle que par signes ; plus loin on ne parle point du tout. Ici, le raisonnement se forme entièrement par l'expérience ; ailleurs l'expérience y ajoute fort peu de chose ; plus loin les vieillards n'en savent pas plus que les enfants. Ici, on se tourmente de l'avenir plus que du passé, ailleurs on se tourmente du passé plus que de l'avenir ; plus loin on ne se tourmente ni de l'un ni de l'autre, et ceux-là ne sont peut-être pas les plus malheureux. On dit qu'il pourrait bien nous manquer un sixième sens naturel, qui nous apprendrait beaucoup de choses que nous ignorons [1]. Ce sixième sens est apparemment dans quelque autre monde, où il manque quelqu'un des cinq que nous possédons. Peut être même y a-t-il effectivement un grand nombre de sens naturels ; mais dans le partage que nous avons fait avec les habitants des autres planètes, il ne nous en est échu que cinq, dont nous nous contentons faute d'en connaître d'autres. Nos sciences ont de certaines bornes que l'esprit humain n'a jamais pu passer, il y a un point où elles nous manquent tout à coup ; le reste est pour d'autres mondes où quelque chose de ce que nous savons est inconnu. Cette planète-ci jouit des douceurs de l'amour, mais elle est toujours désolée en plusieurs de ses parties par les fureurs de la guerre. Dans une autre planète on jouit d'une paix éter-

---

deux visages qui se ressemblent entièrement. », *De la Recherche de la vérité*, II, 2), ou encore Voltaire, qui fait référence à ce passage des *Entretiens* dans *Micromégas* (« Il n'y a pas un visage qui ne soit différent de tous les autres. »).

1. L'idée d'un sixième sens se trouve déjà chez Montaigne et deviendra l'un des thèmes favoris de la philosophie du XVIIIe siècle. Voir sur ce point les analyses d'Ernst Cassirer dans *La Philosophie des Lumières* (Paris, 1966), en particulier les p. 172-173 qui commentent ce passage des *Entretiens*.

nelle, mais au milieu de cette paix on ne connaît point l'amour, et on s'ennuie. Enfin ce que la nature pratique en petit entre les hommes pour la distribution du bonheur ou des talents, elle l'aura sans doute pratiqué en grand entre les mondes, et elle se sera bien souvenue de mettre en usage ce secret merveilleux qu'elle a de diversifier toutes choses, et de les égaler [1] en même temps par les compensations.

Êtes-vous contente, Madame ? ajoutai-je. Vous ai-je ouvert un assez grand champ à exercer votre imagination ? Voyez-vous déjà quelques habitants de planètes ? Hélas ! non, répondit-elle. Tout ce que vous me dites là est merveilleusement vain et vague, je ne vois qu'un grand je ne sais quoi [2] où je ne vois rien. Il me faudrait quelque chose de plus déterminé, de plus marqué. Eh bien donc, repris je, je vais me résoudre à ne vous rien cacher de ce que je sais de plus particulier. C'est une chose que je tiens de très bon lieu, et vous en conviendrez quand je vous aurai cité mes garants. Écoutez, s'il vous plaît, avec un peu de patience. Cela sera assez long.

Il y a dans une planète, que je ne vous nommerai pas encore, des habitants très vifs, très laborieux, très adroits ; ils ne vivent que de pillage, comme quelques-uns de nos Arabes, et c'est là leur unique vice. Du reste, ils sont entre eux d'une intelligence [3] parfaite, travaillant sans cesse de concert et avec zèle au bien de l'État, et surtout leur chasteté est incomparable ; il est vrai qu'ils n'y ont pas beaucoup de mérite, ils sont tous stériles, point de sexe chez eux. Mais, interrompit la Marquise, n'avez-vous point soupçonné qu'on se moquait en vous faisant cette belle relation ? Comment la nation se perpétuerait-elle ? On ne s'est point moqué, repris-je d'un grand sang-froid, tout ce que je vous dis est certain, et la nation se perpétue. Ils ont une reine, qui ne les mène point à la guerre, qui ne

---

1. « Ôter du plus grand, ou ajouter au plus petit pour les rendre semblables » (Furetière, 1690).
2. Cette notion de « je ne sais quoi », expression classique de l'indéterminé, avait été analysée dans le cinquième des *Entretiens d'Ariste et Eugène* de Dominique Bouhours (1671).
3. Entente, connivence.

paraît guère se mêler des affaires de l'État, et dont toute la royauté consiste en ce qu'elle est féconde, mais d'une fécondité étonnante. Elle fait des milliers d'enfants, aussi ne fait-elle autre chose. Elle a un grand palais, partagé en une infinité de chambres, qui ont toutes un berceau préparé pour un petit prince, et elle va accoucher dans chacune de ces chambres l'une après l'autre, toujours accompagnée d'une grosse cour, qui lui applaudit sur [1] ce noble privilège, dont elle jouit à l'exclusion de tout son peuple.

Je vous entends, Madame, sans que vous parliez. Vous demandez où elle a pris des amants ou, pour parler plus honnêtement, des maris. Il y a des reines en Orient et en Afrique, qui ont publiquement des sérails d'hommes, celle-ci apparemment en a un, mais elle en fait grand mystère, et si c'est marquer plus de pudeur, c'est aussi agir avec moins de dignité. Parmi ces Arabes qui sont toujours en action, soit chez eux, soit en dehors, on reconnaît quelques étrangers en fort petit nombre, qui ressemblent beaucoup pour la figure aux naturels du pays [2], mais qui d'ailleurs [3] sont fort paresseux, qui ne sortent point, qui ne font rien, et qui, selon toutes les apparences, ne seraient pas soufferts [4] chez un peuple extrêmement actif, s'ils n'étaient destinés aux plaisirs de la reine, et à l'important ministère de la propagation [5]. En effet, si malgré leur petit nombre ils sont les pères des dix mille enfants, plus ou moins, que la reine met au monde, ils méritent bien d'être quittes de tout autre emploi, et ce qui persuade bien que ç'a été leur unique fonction, c'est qu'aussitôt qu'elle est entièrement remplie, aussitôt que la reine a fait ses dix mille couches, les Arabes vous [6] tuent, sans miséricorde, ces malheureux étrangers devenus inutiles à l'État.

---

1. Lui témoigner son respect, la féliciter en raison de (en langue classique, applaudir est souvent transitif indirect).
2. Autochtones.
3. Voir note 1, p. 69.
4. Tolérés.
5. Sous entendu : de l'espèce.
6. Le pronom personnel, dit « explétif », sert à impliquer la Marquise dans le récit.

Est-ce tout ? dit la Marquise. Dieu soit loué. Rentrons un peu dans le sens commun, si nous pouvons. De bonne foi où avez-vous pris tout ce roman-là ? Quel est le poète qui vous l'a fourni ? Je vous répète encore, lui répondis-je, que ce n'est point un roman. Tout cela se passe ici, sur notre terre, sous nos yeux. Vous voilà bien étonnée ! Oui, sous nos yeux, mes Arabes ne sont que des abeilles, puisqu'il faut vous le dire [1].

Alors je lui appris l'histoire naturelle des abeilles, dont elle ne connaissait guère que le nom. Après quoi, vous voyez bien, poursuivis-je, qu'en transportant seulement sur d'autres planètes des choses qui se passent sur la nôtre, nous imaginerions des bizarreries, qui paraîtraient extravagantes, et seraient cependant fort réelles, et nous en imaginerions sans fin, car afin que vous le sachiez, Madame, l'histoire des insectes en est toute pleine. Je le crois aisément, répondit-elle. N'y eût-il que les vers à soie, qui me sont plus connus que n'étaient les abeilles, ils nous fourniraient des peuples assez surprenants, qui se métamorphoseraient de manière à n'être plus du tout les mêmes, qui ramperaient pendant une partie de leur vie, et voleraient pendant l'autre, et que sais-je moi ? cent mille autres merveilles qui feront les différents caractères, les différentes coutumes de tous ces habitants inconnus. Mon imagination travaille sur le plan que vous m'avez donné, et je vais même jusqu'à leur composer des figures. Je ne vous les pourrais pas décrire, mais je vois pourtant quelque chose. Pour ces figures-là, répliquai-je, je vous

---

1. Cette longue digression a été ajoutée par Fontenelle dans la réédition des *Entretiens* de 1742. Elle est sans doute à mettre en relation avec la parution en 1740 du tome V des *Mémoires pour servir à l'histoire des insectes* de Réaumur, essentiellement consacré aux abeilles. Fontenelle s'intéresse vivement à cette question puisque dans l'*Histoire de l'Académie des Sciences*, il a, par deux fois, rendu compte de travaux contemporains sur les abeilles (en 1712 compte rendu d'un mémoire de Maraldi, en 1739 compte rendu des travaux d'un savant suisse, Samuel Koenig). Pour une étude générale de la conception fontenellienne des animaux, se reporter aux analyses de J.-R. Carré « La raison et l'instinct », *op. cit.*, p. 67-111.

conseille d'en laisser le soin aux songes que vous aurez cette nuit. Nous verrons demain s'ils vous auront bien servie, et s'ils vous auront appris comment sont faits les habitants de quelque planète.

QUATRIÈME SOIR

PARTICULARITÉS DES MONDES DE VÉNUS, DE MERCURE, DE MARS, DE JUPITER ET DE SATURNE

Les songes ne furent point heureux, ils représentèrent toujours quelque chose qui ressemblait à ce que l'on voit ici. J'eus lieu de reprocher à la Marquise ce que nous reprochent, à la vue de nos tableaux, de certains peuples qui ne font jamais que des peintures bizarres et grotesques [1]. *Bon*, nous disent-ils, *cela est tout fait comme des hommes, il n'y a pas là d'imagination.* Il fallut donc se résoudre à ignorer les figures des habitants de toutes ces planètes, et se contenter d'en deviner ce que nous pourrions, en continuant le voyage des mondes que nous avions commencé. Nous en étions à Vénus. On est bien sûr, dis-je à la Marquise, que Vénus tourne sur elle-même, mais on ne sait pas bien en quel temps, ni par conséquent combien ses jours durent. Pour ses années, elles ne sont que de près de huit mois, puisqu'elle tourne en ce temps-là autour du Soleil. Elle est grosse comme la Terre, et par conséquent la Terre paraît à Vénus de la même grandeur dont Vénus nous paraît. J'en suis bien aise, dit la Marquise, la Terre pourra être pour Vénus l'étoile du berger, et la mère des amours, comme Vénus

---

1. « Grotesques. Terme de peinture. Ce sont des figures qui représentent des choses qui n'ont jamais été. » (Richelet, 1680.) Cette critique de l'imagination, fondée sur un rapprochement du rêve et de la peinture, s'inspire visiblement de Descartes et de la première de ses *Méditations métaphysiques* (1641) : « ...Les choses qui nous sont représentées dans le sommeil sont comme des tableaux et des peintures qui ne peuvent être formés qu'à la ressemblance de quelque chose de réel et de véritable [...] ».

l'est pour nous. Ces noms-là ne peuvent convenir qu'à une petite planète, qui soit jolie, claire, brillante, et qui ait un air galant. J'en conviens, répondis-je, mais savez-vous ce qui rend Vénus si jolie de loin ? C'est qu'elle est fort affreuse de près. On a vu avec les lunettes d'approche que ce n'était qu'un amas de montagnes [1] beaucoup plus hautes que les nôtres, fort pointues, et apparemment fort sèches ; et par cette disposition la surface d'une planète est la plus propre qu'il se puisse à renvoyer la lumière avec beaucoup d'éclat et de vivacité. Notre Terre, dont la surface est fort unie auprès de celle de Vénus, et en partie couverte de mers, pourrait bien n'être pas si agréable à voir de loin. Tant pis, dit la Marquise, car ce serait assurément un avantage et un agrément pour elle que de présider aux amours des habitants de Vénus, ces gens-là doivent bien entendre la galanterie [2]. Oh ! sans doute, répondis-je, le menu peuple de Vénus n'est composé que de Céladons et de Silvandres [3], et leurs conversations les plus communes valent les plus belles de Clélie [4]. Le climat est très favorable aux amours, Vénus est plus proche que nous du Soleil, et en reçoit une lumière plus vive et plus de chaleur. Elle est à peu près aux deux tiers de la distance du Soleil à la Terre.

Je vois présentement, interrompit la Marquise, comment sont faits les habitants de Vénus. Ils ressemblent aux Mores grenadins, un petit peuple noir, brûlé du soleil, plein d'esprit et de feu, toujours amoureux, faisant des vers, aimant la musique, inventant tous les jours des fêtes, des danses et des tournois. Permettez-moi de vous dire, Madame, répliquai-je, que vous ne connaissez guère bien les habitants de Vénus. Nos Mores grenadins

1. Par tradition, et jusqu'à Rousseau, l'adjectif « affreux » (au sens d'effroyable ou effrayant) s'applique systématiquement aux paysages de montagnes.
2. Voir note 1, p. 53.
3. Céladon et Silvandre sont des personnages de *L'Astrée* d'Honoré d'Urfé (voir notes 5, p. 66 et 2, p. 107).
4. Héroïne du roman précieux de Madeleine de Scudéry (1607-1701) *Clélie, histoire romaine* (10 volumes publiés de 1654 à 1660).

n'auraient été auprès d'eux que des Lapons et des Groen-
landais pour la froideur et pour la stupidité [1].

Mais que sera-ce [2] des habitants de Mercure ? Ils sont
plus de deux fois plus proches du Soleil que nous. Il faut
qu'ils soient fous à force de vivacité. Je crois qu'ils n'ont
point de mémoire, non plus que la plupart des nègres,
qu'ils ne font jamais de réflexion sur rien, qu'ils n'agissent qu'à l'aventure, et par des mouvements subits, et
qu'enfin c'est dans Mercure que sont les Petites Maisons [3]
de l'univers. Ils voient le Soleil neuf fois plus grand que
nous ne le voyons ; il leur envoie une lumière si forte
que s'ils étaient ici, ils ne prendraient nos plus beaux
jours que pour de très faibles crépuscules, et peut-être n'y
pourraient-ils pas distinguer les objets, et la chaleur à
laquelle ils sont accoutumés est si excessive, que celle
qu'il fait ici au fond de l'Afrique les glacerait. Apparemment notre fer, notre argent, notre or se fondraient chez
eux, et on ne les y verrait qu'en liqueur [4], comme on ne
voit ici ordinairement l'eau qu'en liqueur, quoiqu'en de
certains temps ce soit un corps fort solide. Les gens de
Mercure ne soupçonneraient pas que dans un autre monde
ces liqueurs-là, qui font peut-être leurs rivières, sont des
corps des plus durs que l'on connaisse. Leur année n'est
que de trois mois. La durée de leur jour ne nous est point
connue, parce que Mercure est si petit et si proche du
Soleil, dans les rayons duquel il est presque toujours
perdu, qu'il échappe à toute l'adresse des astronomes, et
qu'on n'a pu encore avoir assez de prise sur lui, pour
observer le mouvement qu'il doit avoir sur son centre ;
mais ses habitants ont besoin qu'il achève ce tour en peu
de temps ; car apparemment brûlés comme ils sont par
un grand poêle ardent suspendu sur leurs têtes, ils sou-
pirent après la nuit. Ils sont éclairés pendant ce temps-là
de Vénus, et de la Terre qui leur doivent paraître assez
grandes. Pour les autres planètes comme elles sont au-

---

1. Pesanteur d'esprit.
2. Qu'en sera-t-il ?
3. Nom de l'asile d'aliénés de Paris, depuis sa réédification en 1557
jusqu'à 1801.
4. À l'état liquide.

delà de la Terre vers le firmament, ils les voient plus petites que nous ne les voyons, et n'en reçoivent que bien peu de lumière.

Je ne suis pas si touchée, dit la Marquise, de cette perte-là que font les habitants de Mercure, que de l'incommodité qu'ils reçoivent de l'excès de la chaleur. Je voudrais bien que nous les soulageassions un peu. Donnons à Mercure de longues et d'abondantes pluies qui le rafraîchissent, comme on dit qu'il en tombe ici dans les pays chauds pendant des quatre mois entiers, justement dans les saisons les plus chaudes.

Cela se peut, repris-je, et même nous pouvons rafraîchir encore Mercure d'une autre façon. Il y a des pays dans la Chine qui doivent être très chauds par leur situation, et où il fait pourtant de grands froids pendant les mois de juillet et d'août, jusque-là que [1] les rivières se gèlent. C'est que ces contrées-là ont beaucoup de salpêtre [2] ; les exhalaisons en sont fort froides, et la force de la chaleur les fait sortir de la terre en grande abondance. Mercure sera, si vous voulez, une petite planète toute de salpêtre, et le Soleil tirera d'elle-même le remède au mal qu'il lui pourrait faire. Ce qu'il y a de sûr, c'est que la nature ne saurait faire vivre les gens qu'où ils peuvent vivre, et que l'habitude jointe à l'ignorance de quelque chose de meilleur, survient, et les y fait vivre agréablement. Ainsi on pourrait même se passer dans Mercure du salpêtre et des pluies.

Après Mercure, vous savez qu'on trouve le Soleil. Il n'y a pas moyen d'y mettre d'habitants. Le *pourquoi non* nous manque là. Nous jugeons par la Terre qui est habitée, que les autres corps de la même espèce qu'elle, doivent l'être aussi ; mais le Soleil n'est point un corps de la même espèce que la Terre, ni que les autres planètes. Il est la source de toute cette lumière que les planètes ne font que se renvoyer les unes aux autres après l'avoir reçue de lui. Elles en peuvent faire, pour ainsi dire,

---

1. Au point que.
2. Les effets supposés frigorifiques du salpêtre sont une opinion traditionnelle que certains savants commencent à réfuter au moment où Fontenelle écrit ces lignes.

des échanges entre elles, mais elles ne la peuvent produire. Lui seul tire de soi-même cette précieuse substance ; il la pousse avec force de tous côtés, de là elle revient à la rencontre de tout ce qui est solide, et d'une planète à l'autre il s'épand de longues et vastes traînées de lumières qui se croisent, se traversent, et s'entrelacent en mille façons différentes, et forment d'admirables tissus de la plus riche matière qui soit au monde. Aussi le Soleil est-il placé dans le centre, qui est le lieu le plus commode d'où il puisse la distribuer également, et animer tout par sa chaleur. Le Soleil est donc un corps particulier, mais quelle sorte de corps ? On est bien embarrassé à le dire. On avait toujours cru que c'était un feu très pur ; mais on s'en désabusa au commencement de ce siècle, qu'on aperçut [1] des taches sur sa surface. Comme on avait découvert, peu de temps auparavant, de nouvelles planètes, dont je vous parlerai, que tout le monde philosophe n'avait l'esprit rempli d'autre chose, et qu'enfin les nouvelles planètes s'étaient mises à la mode, on jugea aussitôt que ces taches en étaient, qu'elles avaient un mouvement autour du Soleil, et qu'elles nous en cachaient nécessairement quelque partie, en tournant leur moitié obscure vers nous. Déjà les savants faisaient leur cour de [2] ces prétendues planètes aux princes de l'Europe. Les uns leur donnaient le nom d'un prince, les autres d'un autre, et peut-être il y aurait eu querelle entre eux à qui serait demeuré le maître des taches pour les nommer comme il eût voulu [3].

Je ne trouve point cela bon, interrompit la Marquise. Vous me disiez l'autre jour qu'on avait donné aux différentes parties de la Lune des noms de savants et d'astronomes, et j'en étais fort contente. Puisque les princes prennent pour eux la Terre, il est juste que les savants se réservent le ciel, et y dominent, mais ils n'en devraient

---

1. Lorsqu'on aperçut.
2. Offraient en hommage.
3. Sur cette méprise de plusieurs astronomes au début du XVIIᵉ siècle (notamment de Jean Tarde qui baptisa *Sidera Borbonia* des taches du soleil qu'il prit pour des satellites) voir les dernières lignes de l'article de Pierre Bayle cité dans le dossier.

point permettre l'entrée à d'autres. Souffrez, répondis-je, qu'ils puissent, du moins en cas de besoin, engager [1] aux princes quelque astre, ou quelque partie de la Lune. Quant aux taches du Soleil, ils n'en purent faire aucun usage. Il se trouva que ce n'étaient point des planètes, mais des nuages, des fumées, des écumes qui s'élèvent sur le Soleil. Elles sont tantôt en grande quantité, tantôt en petit nombre, tantôt elles disparaissent toutes ; quelquefois elles se mettent plusieurs ensemble, quelquefois elles se séparent, quelquefois elles sont plus claires, quelquefois plus noires. Il y a des temps où l'on en voit beaucoup, il y en a d'autres, et même assez longs, où il n'en paraît aucune. On croirait que le Soleil est une matière liquide, quelques-uns disent de l'or fondu, qui bouillonne incessamment [2], et produit des impuretés, que la force de son mouvement rejette sur sa surface ; elles s'y consument, et puis il s'en produit d'autres. Imaginez-vous quels corps étrangers ce sont là, il y en a tel qui est dix-sept cent fois plus gros que la Terre ; car vous saurez qu'elle est plus d'un million de fois plus petite que le globe du Soleil. Jugez par là quelle est la quantité de cet or fondu, ou l'étendue de cette grande mer de lumière et de feu. D'autres disent, et avec assez d'apparence [3], que les taches, du moins pour la plupart, ne sont point des productions nouvelles, et qui se dissipent au bout de quelque temps, mais de grosses masses solides, de figure fort irrégulière, toujours subsistantes, qui tantôt flottent sur le corps liquide du Soleil, tantôt s'y enfoncent ou entièrement ou en partie, et nous présentent différentes pointes ou éminences, selon qu'elles s'enfoncent plus ou moins, et qu'elles se tournent vers nous de différents côtés. Peut-être font-elles partie de quelque grand amas de matière solide qui sert d'aliment au feu du Soleil [4]. Enfin quoi

---

1. Offrir en hommage ou en gage de soumission.
2. Voir note 2, p. 94.
3. Voir note 2, p. 90.
4. Dans les premières éditions, jusqu'en 1703, Fontenelle commentait ironiquement des hypothèses plus fantaisistes : « D'autres disent que le Soleil paraît, avec des lunettes, tout plein de montagnes qui vomissent des flammes, et que c'est un million de monts Etna mis ensemble, mais on dit aussi que ces montagnes sont une pure vision causée par quelque

que ce puisse être que le Soleil, il ne paraît nullement propre à être habité. C'est pourtant dommage, l'habitation serait belle. On serait au centre de tout, on verrait toutes les planètes tourner régulièrement autour de soi, au lieu que nous voyons dans leur cours une infinité de bizarreries, qui n'y paraissent que parce que nous ne sommes pas dans le lieu propre pour en bien juger, c'est-à-dire, au centre de leur mouvement. Cela n'est-il pas pitoyable ? Il n'y a qu'un lieu dans le monde, d'où l'étude des astres puisse être extrêmement facile, et justement dans ce lieu-là, il n'y a personne. Vous n'y songez pas, dit la Marquise. Qui serait dans le Soleil, ne verrait rien, ni planètes, ni étoiles fixes. Le Soleil n'efface-t-il pas tout ? Ce seraient ses habitants qui seraient bien fondés à se croire seuls dans toute la nature.

J'avoue que je m'étais trompé, répondis-je, je ne songeais qu'à la situation où est le Soleil, et non à l'effet de sa lumière ; mais vous qui me redressez [1] si à propos, vous voulez bien que je vous dise que vous vous êtes trompée aussi ; les habitants du Soleil ne le verraient seulement pas. Ou ils ne pourraient soutenir la force de sa lumière, ou ils ne la pourraient recevoir, faute d'en être à quelque distance, et tout bien considéré, le Soleil ne serait qu'un séjour d'aveugles. Encore un coup, il n'est pas fait pour être habité ; mais voulez-vous que nous poursuivions notre voyage des mondes ? Nous sommes arrivés au centre qui est toujours le lieu le plus bas dans tout ce qui est rond, et je vous dirai en passant, que pour aller d'ici là, nous avons fait un chemin de trente-trois millions de lieues, il faudrait présentement retourner sur nos pas, et remonter. Nous retrouverons Mercure, Vénus, la Terre, la Lune, toutes planètes que nous avons visitées. Ensuite c'est Mars qui se présente. Mars n'a rien de curieux que je sache, ses jours sont de plus d'une demi-heure plus longs que les nôtres, et ses années valent deux

chose qui arrive dans les lunettes. À quoi se fiera-t-on, s'il faut se défier des lunettes même, auxquelles nous devons la connaissance de tant de nouveaux objets. » Où l'on pouvait entendre une écho de la fable de La Fontaine, « Un animal dans la Lune ».
1. Corrigez.

de nos années, à un mois et demi près. Il est cinq fois plus petit que la Terre, il voit le Soleil un peu moins grand, et moins vif que nous ne le voyons ; enfin Mars ne vaut pas trop la peine qu'on s'y arrête [1]. Mais la jolie chose que Jupiter avec ses quatre lunes ou satellites ! Ce sont quatre petites planètes, qui tandis que Jupiter tourne autour du Soleil en douze ans, tournent autour de lui comme notre Lune autour de nous. Mais, interrompit la Marquise, pourquoi y a-t-il des planètes qui tournent autour d'autres planètes qui ne valent pas mieux qu'elles ? Sérieusement il me paraîtrait plus régulier et plus uniforme [2] que toutes les planètes, et grandes et petites, n'eussent que le même mouvement autour du Soleil.

Ah ! Madame, répliquai-je, si vous saviez ce que c'est que les tourbillons de Descartes [3], ces tourbillons dont le nom est si terrible, et l'idée si agréable, vous ne parleriez pas comme vous faites. La tête me dût-elle tourner, dit-elle en riant, il est beau de savoir ce que c'est que les tourbillons. Achevez de me rendre folle, je ne me ménage plus, je ne connais plus de retenue sur la philosophie ; laissons parler le monde, et donnons-nous aux tourbillons. Je ne vous connaissais pas de pareils emportements [4], repris-je ; c'est dommage qu'ils n'aient que les tourbillons pour objet. Ce qu'on appelle un tourbillon, c'est un amas de matière dont les parties sont détachées les unes des autres, et se meuvent toutes en un même sens ; permis à elles d'avoir pendant ce temps-là quelques petits mouvements particuliers, pourvu qu'elles suivent toujours le mouvement général. Ainsi un tourbillon de vent, c'est une infinité de petites parties d'air, qui tournent en rond toutes ensemble, et enveloppent ce qu'elles rencontrent. Vous savez que les planètes sont portées dans la matière céleste, qui est d'une subtilité et d'une agitation prodigieuses. Tout ce grand amas de matière céleste qui est depuis le Soleil jusqu'aux étoiles

1. La fascination pour Mars ne naîtra qu'au XIXᵉ siècle.
2. Plus logique et plus cohérent.
3. Voir note 3, p. 51 et dossier p. 195 sq.
4. Élans, transports.

fixes, tourne en rond, et emportant avec soi les planètes, les fait tourner toutes en un même sens autour du Soleil, qui occupe le centre, mais en des temps plus ou moins longs, selon qu'elles en sont plus ou moins éloignées. Il n'y a pas jusqu'au Soleil qui ne tourne sur lui-même, parce qu'il est justement au milieu de toute cette matière céleste ; vous remarquerez en passant, que quand la Terre serait dans la place où il est, elle ne pourrait encore faire moins que de tourner sur elle-même.

Voilà quel est le grand tourbillon dont le Soleil est comme le maître ; mais en même temps les planètes se composent de petits tourbillons particuliers à l'imitation de celui du Soleil. Chacune d'elles en tournant autour du Soleil ne laisse pas [1] de tourner autour d'elle-même, et fait tourner aussi autour d'elle en même sens une certaine quantité de cette matière céleste, qui est toujours prête à suivre tous les mouvements qu'on lui veut donner, s'ils ne la détournent pas de son mouvement général. C'est là le tourbillon particulier de la planète, et elle le pousse aussi loin que la force de son mouvement se peut étendre. S'il faut qu'il tombe dans ce petit tourbillon quelque planète moindre que celle qui y domine, la voilà emportée par la grande et forcée indispensablement à tourner autour d'elle, et le tout ensemble, la grande planète, la petite, et le tourbillon qui les renferme, n'en tourne pas moins autour du Soleil. C'est ainsi qu'au commencement du monde nous nous fîmes suivre par la Lune, parce qu'elle se trouva dans l'étendue de notre tourbillon, et tout à fait à notre bienséance [2]. Jupiter, dont je commençais à vous parler, fut plus heureux ou plus puissant que nous. Il y avait dans son voisinage quatre petites planètes, il se les assujettit toutes quatre, et nous qui sommes une planète principale, croyez-vous que nous l'eussions été, si nous nous fussions trouvés proches de lui ? Il est mille fois plus gros que nous, il nous aurait engloutis sans peine dans son tourbillon, et nous ne serions qu'une Lune de sa dépendance, au lieu que nous en avons une qui est dans la nôtre, tant il est vrai que le seul hasard de la

---

1. Ici au sens de : ne pas cesser de, ne pas manquer de.
2. À notre disposition.

situation décide souvent de toute la fortune qu'on doit avoir.

Et qui nous assure, dit la Marquise, que nous demeurerons toujours où nous sommes ? Je commence à craindre que nous ne fassions la folie de nous approcher d'une planète aussi entreprenante que Jupiter, ou qu'il ne vienne vers nous pour nous absorber ; car il me paraît que dans ce grand mouvement, où vous dites qu'est la matière céleste, elle devrait agiter les planètes irrégulièrement, tantôt les approcher, tantôt les éloigner les unes des autres. Nous pourrions aussitôt [1] y gagner qu'y perdre, répondis-je, peut-être irions-nous soumettre à notre domination Mercure ou Mars, qui sont de plus petites planètes et qui ne nous pourraient résister. Mais nous n'avons rien à espérer ni à craindre, les planètes se tiennent où elles sont, les nouvelles conquêtes leur sont défendues, comme elles l'étaient autrefois aux rois de la Chine. Vous savez bien que quand on met de l'huile avec de l'eau, l'huile surnage. Qu'on mette sur ces deux liqueurs un corps extrêmement léger, l'huile le soutiendra, et il n'ira pas jusqu'à l'eau. Qu'on y mette un autre corps plus pesant, et qui soit justement d'une certaine pesanteur, il passera au travers de l'huile, qui sera trop faible pour l'arrêter, et tombera jusqu'à ce qu'il rencontre l'eau qui aura la force de le soutenir. Ainsi dans cette liqueur, composée de deux liqueurs qui ne se mêlent point, deux corps inégalement pesants se mettent naturellement à deux places différentes, et jamais l'un ne montera, ni l'autre ne descendra. Qu'on mette encore d'autres liqueurs qui se tiennent séparées, et qu'on y plonge d'autres corps, il arrivera la même chose. Représentez-vous que la matière céleste qui remplit ce grand tourbillon, a différentes couches qui s'enveloppent les unes les autres, et dont les pesanteurs sont différentes, comme celles de l'huile et de l'eau, et des autres liqueurs. Les planètes ont aussi différentes pesanteurs, chacune d'elles par conséquent s'arrête dans la couche qui a précisément la force nécessaire pour la soutenir, et qui lui

---

1. Aussi bien.

fait équilibre, et vous voyez bien qu'il n'est pas possible qu'elle en sorte jamais.

Je conçois, dit la Marquise, que ces pesanteurs-là règlent fort bien les rangs. Plût à Dieu qu'il y eût quelque chose de pareil qui les réglât parmi nous, et qui fixât les gens dans les places qui leur sont naturellement convenables ! Me voilà fort en repos du côté de Jupiter. Je suis bien aise qu'il nous laisse dans notre petit tourbillon avec notre Lune unique. Je suis d'humeur à me borner aisément [1], et je ne lui envie point les quatre qu'il a.

Vous auriez tort de les lui envier, repris-je, il n'en a point plus qu'il ne lui en faut. Il est cinq fois plus éloigné du Soleil que nous, c'est-à-dire, qu'il en est à cent soixante-cinq millions de lieues, et par conséquent ses lunes ne reçoivent, et ne lui renvoient qu'une lumière assez faible. Le nombre supplée au peu d'effet de chacune. Sans cela, comme Jupiter tourne sur lui-même en dix heures, et que ses nuits, qui n'en durent que cinq, sont fort courtes, quatre lunes ne paraîtraient pas si nécessaires. Celle qui est la plus proche de Jupiter fait son cercle autour de lui en quarante-deux heures, la seconde en trois jours et demi, la troisième en sept, la quatrième en dix-sept, et par l'inégalité même de leurs cours, elles s'accordent à lui donner les plus jolis spectacles du monde. Tantôt elles se lèvent toutes quatre ensemble, et puis se séparent presque dans le moment ; tantôt elles sont toutes à leur midi rangées l'une au-dessus de l'autre ; tantôt on les voit toutes quatre dans le ciel à des distances égales ; tantôt quand deux se lèvent, deux autres se couchent ; surtout j'aimerais à voir ce jeu perpétuel d'éclipses qu'elles font ; car il ne se passe point de jour qu'elles ne s'éclipsent les unes les autres, ou qu'elles n'éclipsent le Soleil ; et assurément les éclipses s'étant rendues si familières en ce monde-là, elles y sont un sujet de divertissement, et non pas de frayeur, comme en celui-ci.

Et vous ne manquerez pas, dit la Marquise, à faire habiter ces quatre lunes, quoique ce ne soient que de

---

1. Me contenter de peu.

petites planètes subalternes, destinées seulement à en éclairer une autre pendant ses nuits ? N'en doutez nullement, répondis-je. Ces planètes n'en sont pas moins dignes d'être habitées, pour avoir le malheur d'être asservies à [1] tourner autour d'une autre plus importante.

Je voudrais donc, reprit-elle, que les habitants des quatre lunes de Jupiter fussent comme des colonies de Jupiter ; qu'elles eussent reçu de lui, s'il était possible, leurs lois et leurs coutumes ; que par conséquent elles lui rendissent quelque sorte d'hommage, et ne regardassent la grande planète qu'avec respect. Ne faudrait-il point aussi, lui dis-je, que les quatre lunes envoyassent de temps en temps des députés [2] dans Jupiter, pour lui prêter serment de fidélité ? Pour moi, je vous avoue que le peu de supériorité que nous avons sur les gens de notre Lune, me fait douter que Jupiter en ait beaucoup sur les habitants des siennes, et je crois que l'avantage auquel il puisse le plus raisonnablement prétendre, c'est de leur faire peur. Par exemple, dans celle qui est la plus proche de lui, ils le voient seize cent fois plus grand que notre Lune ne nous paraît, quelle monstrueuse planète suspendue sur leurs têtes ! En vérité, si les Gaulois craignaient anciennement que le ciel ne tombât sur eux, et ne les écrasât, les habitants de cette Lune auraient bien plus de sujet de craindre une chute de Jupiter. C'est peut-être là aussi la frayeur qu'ils ont, dit-elle, au lieu de celle des éclipses, dont vous m'avez assurée qu'ils sont exempts, et qu'il faut bien remplacer par quelque autre sottise. Il le faut de nécessité absolue, répondis-je. L'inventeur du troisième système dont je vous parlais l'autre jour, le célèbre Tycho Brahé, un des plus grands astronomes qui furent jamais, n'avait garde de craindre les éclipses, comme le vulgaire les craint, il passait sa vie avec elles. Mais croiriez-vous bien ce qu'il craignait en leur place ? Si en sortant de son logis la première personne qu'il rencontrait était une vieille, si un lièvre traversait son chemin, Tycho Brahé croyait que la journée devait être mal-

---

1. Contraintes de.
2. Envoyés d'un souverain chargés de remplir une mission particulière.

heureuse, et retournait promptement se renfermer chez lui, sans oser commencer la moindre chose [1].

Il ne serait pas juste, reprit-elle, après que cet homme-là n'a pu se délivrer impunément de la crainte des éclipses, que les habitants de cette lune de Jupiter, dont nous parlions, en fussent quittes à meilleur marché. Nous ne leur ferons pas de quartier, ils subiront la loi commune ; et s'ils sont exempts d'une erreur, ils donneront [2] dans quelque autre ; mais comme je ne me pique pas de la pouvoir deviner, éclaircissez-moi, je vous prie, une autre difficulté qui m'occupe depuis quelques moments. Si la Terre est si petite à l'égard de Jupiter, Jupiter nous voit-il ? Je crains que nous ne lui soyons inconnus.

De bonne foi, je crois que cela est ainsi, répondis-je. Il faudrait qu'il vît la Terre cent fois plus petite que nous ne le voyons. C'est trop peu, il ne la voit point. Voici seulement ce que nous pouvons croire de meilleur pour nous. Il y aura dans Jupiter des astronomes, qui après avoir bien pris de la peine à composer des lunettes excellentes, après avoir choisi les plus belles nuits pour observer, auront enfin découvert dans les cieux une très petite planète qu'ils n'avaient jamais vue. D'abord le *Journal des savants* [3] de ce pays-là en parle ; le peuple de Jupiter, ou n'en entend point parler, ou n'en fait que rire ; les philosophes [4], dont cela détruit les opinions, forment le dessein de n'en rien croire ; il n'y a que les gens très raisonnables qui en veulent bien douter. On observe encore, on revoit la petite planète ; on s'assure bien que ce n'est point une vision [5] ; on commence même à soupçonner qu'elle a un mouvement autour du Soleil ; on trouve au bout de mille observations que ce mouvement

---

1. L'anecdote se trouve notamment dans la *Tychonis Brahei vita* de Gassendi (livre VI).
2. Tomberont.
3. Publication fondée en 1665 par Denis de Sallo. Cette revue était, pour l'essentiel, consacrée aux travaux des savants de l'Académie royale des sciences.
4. Le mot est cette fois-ci pris en mauvaise part puisqu'il s'oppose aux « gens très raisonnables ».
5. Voir note 6, p. 53.

est d'une année ; et enfin, grâce à toutes les peines que se donnent les savants, on sait dans Jupiter que notre Terre est au monde. Les curieux vont la voir au bout d'une lunette, et la vue à peine peut-elle encore l'attraper.

Si ce n'était, dit la Marquise, qu'il n'est point trop agréable de savoir qu'on ne nous peut découvrir de dedans Jupiter qu'avec des lunettes d'approche, je me représenterais avec plaisir ces lunettes de Jupiter dressées vers nous, comme les nôtres le sont vers lui, et cette curiosité mutuelle avec laquelle les planètes s'entre-considèrent et demandent l'une de l'autre : *Quel monde est-ce là ? Quelles [1] gens l'habitent ?*

Cela ne va pas si vite que vous pensez, répliquai-je. Quand on verrait notre Terre de dedans Jupiter, quand on l'y connaîtrait, notre Terre ce n'est pas nous ; on n'a pas le moindre soupçon qu'elle puisse être habitée. Si quelqu'un vient à se l'imaginer, Dieu sait comme tout Jupiter se moque de lui. Peut-être même sommes-nous cause qu'on y a fait le procès à des philosophes qui ont voulu soutenir que nous étions. Cependant je croirais plus volontiers que les habitants de Jupiter sont assez occupés à faire des découvertes sur leur planète, pour ne songer point du tout à nous. Elle est si grande, que s'ils naviguent, assurément leurs Christophe Colomb ne sauraient manquer d'emploi. Il faut [2] que les peuples de ce monde-là ne connaissent pas seulement [3] de réputation la centième partie des autres peuples ; au lieu que dans Mercure, qui est fort petit, ils sont tous voisins les uns des autres ; ils vivent familièrement ensemble, et ne comptent que pour une promenade de faire le tour de leur monde. Si on ne nous voit point dans Jupiter, vous jugez bien qu'on y voit encore moins Vénus qui est plus éloignée de lui, et encore moins Mercure qui est et plus petit et plus éloigné. En récompense [4] ses habitants voient leurs quatre lunes, et Saturne avec les siennes, et Mars. Voilà

---

1. « Gens » était du genre féminin, même lorsqu'il n'était pas précédé d'un adjectif.
2. Il faut supposer, selon la logique du raisonnement.
3. Pas même.
4. Voir note 2, p. 60.

assez de planètes pour embarrasser ceux d'entre eux qui sont astronomes ; la nature a eu la bonté de leur cacher ce qui en reste dans l'univers.

Quoi, dit la Marquise, vous comptez cela pour une grâce ? Sans doute, répondis-je. Il y a dans tout ce grand tourbillon seize planètes. La nature, qui veut nous épargner la peine d'étudier tous leurs mouvements, ne nous en montre que sept, n'est-ce pas là une assez grande faveur ? Mais nous, qui n'en sentons pas le prix, nous faisons si bien que nous attrapons les neuf autres qui avaient été cachées ; aussi en sommes-nous punis par les grands travaux [1] que l'astronomie demande présentement.

Je vois, reprit-elle, par ce nombre de seize planètes qu'il faut que Saturne ait cinq lunes. Il les a aussi [2], répliquai-je, et avec d'autant plus de justice que, comme il tourne en trente ans autour du Soleil, il a des pays où la nuit dure quinze ans, par la même raison que sur la Terre qui tourne en un an, il y a des nuits de six mois sous les pôles. Mais Saturne étant deux fois plus éloigné du Soleil que Jupiter, et par conséquent dix fois plus que nous, ses cinq lunes si faiblement éclairées lui donneraient-elles assez de lumière pendant ses nuits ? Non, il a encore une ressource singulière et unique dans tout l'univers connu. C'est un grand cercle, et un grand anneau assez large qui l'environne, et qui étant assez élevé pour être presque entièrement hors de l'ombre du corps de cette planète, réfléchit la lumière du Soleil dans des lieux qui ne la voient point, et la réfléchit de plus près, et avec plus de force que toutes les cinq lunes, parce qu'il est moins élevé que la plus basse.

En vérité, dit la Marquise, de l'air d'une personne qui rentrait en elle-même avec étonnement [3], tout cela est d'un grand ordre [4] ; il paraît bien que la nature a eu en vue les besoins de quelques êtres vivants, et que la distribution des lunes n'a pas été faite au hasard. Il n'en est

---

1. Efforts pénibles.
2. En effet.
3. « Rentrer en soi-même » : faire réflexion, méditer. « Étonnement » a ici son sens classique d'ébranlement moral.
4. Admirablement ordonné.

tombé en partage qu'aux planètes éloignées du Soleil, à
la Terre, à Jupiter, à Saturne ; car ce n'était pas la peine
d'en donner à Vénus et à Mercure, qui ne reçoivent que
trop de lumière, dont les nuits sont fort courtes, et qui les
comptent apparemment pour de plus grands bienfaits de
la nature que leurs jours mêmes. Mais attendez, il me
semble que Mars, qui est encore plus éloigné du Soleil
que la Terre, n'a point de Lune. On ne peut pas vous le
dissimuler, répondis-je, il n'en a point, et il faut [1] qu'il
ait pour ses nuits des ressources que nous ne savons pas.
Vous avez vu des phosphores, de ces matières liquides
ou sèches, qui en recevant la lumière du Soleil s'en
imbibent et s'en pénètrent, et ensuite jettent un assez
grand éclat dans l'obscurité. Peut-être Mars a-t-il de
grands rochers fort élevés, qui sont des phosphores naturels, et qui prennent pendant le jour une provision de
lumière qu'ils rendent pendant la nuit. Vous ne sauriez
nier que ce ne fût un spectacle assez agréable de voir tous
ces rochers s'allumer de toutes parts dès que le Soleil
serait couché, et faire sans aucun art [2] des illuminations
magnifiques, qui ne pourraient incommoder par leur chaleur. Vous savez encore qu'il y a en Amérique des
oiseaux qui sont si lumineux dans les ténèbres, qu'on s'en
peut servir pour lire [3]. Que savons-nous si Mars n'a point
un grand nombre de ces oiseaux, qui dès que la nuit est
venue, se dispersent de tous côtés, et vont répandre un
nouveau Jour ?

Je ne me contente, reprit-elle, ni de vos rochers, ni de
vos oiseaux. Cela ne laisserait pas d'être joli ; mais
puisque la nature a donné tant de lunes à Saturne et à
Jupiter, c'est une marque qu'il faut des lunes. J'eusse été
bien aise que tous les mondes éloignés du Soleil en
eussent eu, si Mars ne nous fut point venu faire une
exception désagréable. Ah ! vraiment, répliquai-je, si
vous vous mêliez de philosophie plus que vous ne faites,
il faudrait bien que vous vous accoutumassiez à voir des

---

1. Voir note 2, p. 134.
2. Artifice.
3. Information tirée sans doute d'un récit de voyage plus ou moins
fantaisiste.

exceptions dans les meilleurs systèmes. Il y a toujours quelque chose qui y convient le plus juste du monde, et puis quelque chose aussi qu'on y fait convenir comme on peut, ou qu'on laisse là, si on désespère d'en pouvoir venir à bout. Usons-en de même pour Mars, puisqu'il ne nous est point favorable, et ne parlons point de lui. Nous serions bien étonnés si nous étions dans Saturne, de voir sur nos têtes pendant la nuit ce grand anneau qui irait en forme de demi-cercle d'un bout à l'autre de l'horizon, et qui nous renvoyant la lumière du Soleil, ferait l'effet d'une lune continue. Et ne mettrons-nous point d'habitants dans ce grand anneau ? interrompit-elle en riant. Quoi que je sois d'humeur, répondis-je, à en envoyer partout assez hardiment, je vous avoue que je n'oserais en mettre là, cet anneau me paraît une habitation trop irrégulière. Pour les cinq petites lunes, on ne peut pas se dispenser de les peupler. Si cependant l'anneau n'était, comme quelques-uns le soupçonnent, qu'un cercle de lunes qui se suivissent de fort près et eussent un mouvement égal, et que les cinq petites lunes fussent cinq échappées de ce grand cercle, que de mondes dans le tourbillon de Saturne ! Quoi qu'il en soit, les gens de Saturne sont assez misérables, même avec le secours de l'anneau. Il leur donne la lumière, mais quelle lumière dans l'éloignement où il est du Soleil ! Le Soleil même qu'ils voient cent fois plus petit que nous ne le voyons, n'est pour eux qu'une petite étoile blanche et pâle, qui n'a qu'un éclat et une chaleur bien faibles, et si vous les mettiez dans nos pays les plus froids, dans le Groenland, ou dans la Laponie, vous les verriez suer à grosses gouttes et expirer de chaud. S'ils avaient de l'eau, ce ne serait point de l'eau pour eux, mais une pierre polie, un marbre ; et l'esprit de vin, qui ne gèle jamais ici, serait dur comme nos diamants.

Vous me donnez une idée de Saturne qui me glace, dit la Marquise, au lieu que tantôt vous m'échauffiez en me parlant de Mercure. Il faut bien, répliquai-je, que les deux mondes qui sont aux extrémités de ce grand tourbillon, soient opposés en toutes choses.

Ainsi, reprit-elle, on est bien sage dans Saturne, car vous m'avez dit que tout le monde était fou dans Mercure. Si on n'est pas bien sage dans Saturne, repris-je, du moins selon toutes les apparences, on y est bien flegmatique. Ce sont gens qui ne savent ce que c'est que de rire, qui prennent toujours un jour pour répondre à la moindre question qu'on leur fait, et qui eussent trouvé Caton d'Utique [1] trop badin et trop folâtre.

Il me vient une pensée, dit-elle. Tous les habitants de Mercure sont vifs, tous ceux de Saturne sont lents. Parmi nous les uns sont vifs, les autres lents ; cela ne viendrait-il point de ce que notre Terre étant justement au milieu des autres mondes, nous participons des extrémités [2] ? Il n'y a point pour les hommes de caractère fixe et déterminé ; les uns sont faits comme les habitants de Mercure, les autres comme ceux de Saturne, et nous sommes un mélange de toutes les espèces qui se trouvent dans les autres planètes. J'aime assez cette idée, repris-je ; nous formons un assemblage si bizarre, qu'on pourrait croire que nous serions ramassés de plusieurs mondes différents ? À ce compte il est assez commode d'être ici, on y voit tous les autres mondes en abrégé.

Du moins, reprit la Marquise, une commodité fort réelle qu'a notre monde par sa situation, c'est qu'il n'est ni si chaud que celui de Mercure ou de Vénus, ni si froid que celui de Jupiter ou de Saturne. De plus nous sommes justement dans un endroit de la Terre où nous ne sentons l'excès ni du chaud ni du froid. En vérité si un certain philosophe rendait grâce à la nature d'être homme et non pas bête, Grec et non pas barbare [3], moi je veux lui rendre grâce d'être sur la planète la plus tempérée de l'univers, et dans un des lieux les plus tempérés de cette planète. Si vous m'en croyez, Madame, répondis-je, vous lui rendrez grâce d'être jeune et non pas vieille ; jeune et belle, et non pas jeune et laide ; jeune et belle Française, et non

---

1. Caton d'Utique (95-46 av. J.-C.), arrière-petit fils de Caton l'Ancien, est traditionnellement considéré comme un modèle d'intégrité morale en raison de la fermeté de ses principes stoïciens : refusant le triomphe de César, il se donna la mort après avoir, dit-on, passé la nuit à lire le *Phédon* de Platon (dialogue centré autour du suicide de Socrate).
2. Nous touchons aux extrémités.
3. Ces considérations sont en général attribuées à Platon.

pas jeune et belle Italienne [1]. Voilà bien d'autres sujets de reconnaissance, que ceux que vous tirez de la situation de votre tourbillon, ou de la température de votre pays.

Mon Dieu ! répliqua-t-elle, laissez-moi avoir de la reconnaissance sur tout, jusque sur le tourbillon où je suis placée. La mesure de bonheur qui nous a été donnée est assez petite, il n'en faut rien perdre, et il est bon d'avoir pour les choses les plus communes, et les moins considérables un goût qui les mette à profit. Si on ne voulait que des plaisirs vifs, on en aurait peu, on les attendrait longtemps, et on les paierait bien. Vous me promettez donc, répliquai-je, que si on vous proposait de ces plaisirs vifs, vous vous souviendriez des tourbillons et de moi, et que vous ne nous négligeriez pas tout à fait ? Oui, répondit-elle, mais faites que la philosophie me fournisse toujours des plaisirs nouveaux. Du moins pour demain, répondis-je, j'espère qu'ils ne vous manqueront pas. J'ai des étoiles fixes, qui passent tout ce que vous avez vu jusqu'ici.

---

1. Cette pointe polémique est sans doute une réponse de Fontenelle à une formule d'Alessandro Tassoni (1565-1635), elle-même démarquée de celle de Platon évoquée ci-dessus : « Je rends grâce à Dieu [...] de m'avoir fait naître homme et non pas bête, mâle et non pas femelle, italien et non pas barbare. »

CINQUIÈME SOIR

La Marquise sentit une vraie impatience de savoir ce que les étoiles fixes deviendraient. Seront-elles habitées comme les planètes, me dit-elle ? Ne le seront-elles pas ? Enfin qu'en ferons-nous ? Vous le devineriez peut-être, si vous en aviez bien envie, répondis-je. Les étoiles fixes ne sauraient être moins éloignées de la Terre que de vingt-sept mille six cent soixante fois la distance d'ici au Soleil, qui est de trente-trois millions de lieues, et si vous fâchiez un astronome, il les mettrait encore plus loin. La distance du Soleil à Saturne, qui est la planète la plus éloignée, n'est que trois cent trente millions de lieues ; ce n'est rien par rapport à la distance du Soleil ou de la Terre aux étoiles fixes, et on ne prend pas la peine de la compter. Leur lumière, comme vous voyez, est assez vive et assez éclatante. Si elles la recevaient du Soleil, il faudrait qu'elles la reçussent déjà bien faible après un si épouvantable trajet ; il faudrait que par une réflexion qui l'affaiblirait encore beaucoup, elles nous la renvoyassent à cette même distance. Il serait impossible qu'une lumière qui aurait essuyé une réflexion, et fait deux fois un semblable chemin, eût cette force et cette vivacité qu'a celle des étoiles fixes. Les voilà donc lumineuses par elles-mêmes, et toutes, en un mot, autant de Soleils.

Ne me trompé-je point, s'écria la Marquise, ou si [1] je vois où vous me voulez mener ? M'allez-vous dire : *Les*

---

1. Est-il vrai que.

étoiles fixes sont autant de Soleils, notre Soleil est le centre d'un tourbillon qui tourne autour de lui ; pourquoi chaque étoile fixe ne sera-t-elle pas aussi le centre d'un tourbillon qui aura un mouvement autour d'elle ? Notre Soleil a des planètes qu'il éclaire, pourquoi chaque étoile fixe n'en aura-t-elle pas aussi qu'elle éclairera ? Je n'ai à vous répondre, lui dis-je, que ce que répondit Phèdre à Œnone : *C'est toi qui l'as nommé* [1].

Mais, reprit-elle, voilà l'univers si grand que je m'y perds, je ne sais plus où je suis, je ne suis plus rien. Quoi, tout sera divisé en tourbillons jetés confusément les uns parmi les autres ? Chaque étoile sera le centre d'un tourbillon, peut-être aussi grand que celui où nous sommes ? Tout cet espace immense qui comprend notre Soleil et nos planètes, ne sera qu'une petite parcelle de l'univers ? Autant d'espaces pareils que d'étoiles fixes ? Cela me confond, me trouble, m'épouvante. Et moi, répondis-je, cela me met à mon aise. Quand le ciel n'était que cette voûte bleue, où les étoiles étaient clouées, l'univers me paraissait petit et étroit, je m'y sentais comme oppressé ; présentement qu'on a donné infiniment plus d'étendue et de profondeur à cette voûte en la partageant en mille et mille tourbillons, il me semble que je respire avec plus de liberté, et que je suis dans un plus grand air, et assurément l'univers a toute une autre [2] magnificence. La nature n'a rien épargné en le produisant, elle a fait une profusion de richesses tout à fait digne d'elle. Rien n'est si beau à se représenter que ce nombre prodigieux de tourbillons, dont le milieu est occupé par un Soleil qui fait tourner des planètes autour de lui. Les habitants d'une planète d'un de ces tourbillons infinis voient de tous côtés les Soleils des tourbillons dont ils sont environnés, mais ils n'ont garde d'en voir les planètes, qui n'ayant qu'une lumière faible, empruntée de leur Soleil, ne la poussent point au-delà de leur monde.

Vous m'offrez, dit-elle, une espèce de perspective si longue, que la vue n'en peut attraper le bout. Je vois clairement les habitants de la Terre, ensuite vous me

---

1. Racine, *Phèdre*, acte I, scène 3.
2. Une tout autre.

faites voir ceux de la Lune et des autres planètes de notre tourbillon assez clairement à la vérité, mais moins que ceux de la Terre ; après eux viennent les habitants des planètes des autres tourbillons. Je vous avoue qu'ils sont tout à fait dans l'enfoncement, et que quelque effort que je fasse pour les voir, je ne les aperçois presque point. Et en effet, ne sont-ils pas presque anéantis par l'expression même dont vous êtes obligé de vous servir en parlant d'eux ? Il faut que vous les appeliez les habitants d'une des planètes de l'un de ces tourbillons dont le nombre est infini. Nous-mêmes, à qui la même expression convient, avouez que vous ne sauriez presque plus nous démêler au milieu de tant de mondes. Pour moi, je commence à voir la Terre si effroyablement petite, que je ne crois pas avoir désormais d'empressement pour aucune chose. Assurément si on a tant d'ardeur de s'agrandir [1], si on fait desseins sur desseins, si on se donne tant de peine, c'est que l'on ne connaît pas les tourbillons. Je prétends bien que ma paresse profite de mes nouvelles lumières, et quand on me reprochera mon indolence, je répondrai : *Ah ! si vous saviez ce que c'est que les étoiles fixes !* Il faut qu'Alexandre ne l'ait pas su, répliquai-je, car un certain auteur qui tient que la Lune est habitée, dit fort sérieusement qu'il n'était pas possible qu'Aristote ne fût dans une opinion si raisonnable (comment une vérité eût-elle échappé à Aristote ?), mais qu'il n'en voulut jamais rien dire, de peur de fâcher Alexandre, qui eût été au désespoir de voir un monde qu'il n'eût pas pu conquérir [2]. À plus forte raison lui eût-on fait mystère des tourbillons

---

1. « S'élever à quelque meilleure fortune » (Richelet, 1680).
2. Cette raillerie vise John Wilkins et son ouvrage *Le Monde dans la lune*. Après avoir fait la supposition dont s'amuse Fontenelle, Wilkins ajoute : « Peut-être fâchait-il autant [à Aristote] de tenir la possibilité d'un monde qu'il ne savait découvrir, qu'à Alexandre d'ouïr parler d'un autre monde qu'il ne pouvait conquérir » (trad. de La Montagne, Rouen, 1655). Par ailleurs, Wilkins et Fontenelle se souviennent tous deux des vers de Juvénal dans ses *Satires* : « Une seule terre ne suffit pas à Alexandre ; le malheureux étouffe dans l'étroite limite d'un monde » (*Satire* X, v. 168-169), vers auxquels Molière avaient aussi fait allusion dans la fameuse tirade de Dom Juan : « ...comme Alexandre, je souhaiterais qu'il y eût d'autres mondes, pour y pouvoir étendre mes conquêtes amoureuses » (*Dom Juan*, 1665, I, 2).

des étoiles fixes, quand on les eût connus en ce temps-là ; c'eût été faire trop mal sa cour que de lui en parler. Pour moi qui les connais, je suis bien fâché de ne pouvoir tirer d'utilité de la connaissance que j'en ai. Ils ne guérissent tout au plus, selon votre raisonnement, que de l'ambition et de l'inquiétude, et je n'ai point ces maladies-là. Un peu de faiblesse pour ce qui est beau, voilà mon mal, et je ne crois pas que les tourbillons y puissent rien. Les autres mondes vous rendent celui-ci petit, mais ils ne vous gâtent point de beaux yeux, ou une belle bouche, cela vaut toujours son prix en dépit de tous les mondes possibles.

C'est une étrange chose que l'amour, répondit-elle, en riant ; il se sauve de tout, et il n'y a point de système qui lui puisse faire de mal. Mais aussi parlez-moi franchement, votre système est-il bien vrai ? Ne me déguisez [1] rien, je vous garderai le secret. Il me semble qu'il n'est appuyé que sur une petite convenance [2] bien légère. Une étoile fixe est lumineuse d'elle-même comme le Soleil, par conséquent il faut qu'elle soit comme le Soleil le centre et l'âme d'un monde, et qu'elle ait ses planètes qui tournent autour d'elle. Cela est-il d'une nécessité bien absolue ? Écoutez, Madame, répondis-je, puisque nous sommes en humeur de mêler toujours des folies [3] de galanterie à nos discours les plus sérieux, les raisonnements de mathématique sont faits comme l'amour [4]. Vous ne sauriez accorder si peu de chose à un amant que bientôt après il ne faille lui en accorder davantage, et à la fin cela va loin. De même accordez à un mathématicien le moindre principe, il va vous en tirer une conséquence, qu'il faudra que vous lui accordiez aussi, et de cette conséquence encore une autre ; et malgré vous-même, il vous mène si loin, qu'à peine le pouvez-vous croire. Ces deux sortes de gens-là prennent toujours plus qu'on ne

---

1. Dissimulez.
2. Conformité, analogie.
3. Voir note 7, p. 90.
4. L'expression « faire l'amour », qui reste implicite, a ici le sens de courtiser, séduire. Le sens actuel est toutefois présent dans le propos allusif qui suit : « à la fin cela va loin ».

leur donne. Vous convenez que quand deux choses sont semblables en tout ce qui me paraît, je les puis croire aussi semblables en ce qui ne me paraît point, s'il n'y a rien d'ailleurs [1] qui m'en empêche [2]. De là j'ai tiré que la Lune était habitée, parce qu'elle ressemble à la Terre, les autres planètes parce qu'elles ressemblent à la Lune. Je trouve que les étoiles fixes ressemblent à notre Soleil, je leur attribue tout ce qu'il a. Vous êtes engagée trop avant pour pouvoir reculer, il faut franchir le pas de bonne grâce. Mais, dit-elle, sur le pied de cette ressemblance que vous mettez entre les étoiles fixes et notre soleil, il faut que les gens d'un autre grand tourbillon ne le voient que comme une petite étoile fixe, qui se montre à eux seulement pendant leurs nuits.

Cela est hors de doute, répondis-je. Notre Soleil est si proche de nous en comparaison des Soleils des autres tourbillons, que sa lumière doit avoir infiniment plus de force sur nos yeux que la leur. Nous ne voyons donc que lui quand nous le voyons, et il efface tout ; mais dans un autre grand tourbillon, c'est un autre Soleil qui y domine, et il efface à son tour le nôtre, qui n'y paraît que pendant les nuits avec le reste des autres Soleils étrangers, c'est-à-dire, des étoiles fixes. On l'attache avec elles à cette grande voûte du ciel, et il y fait partie de quelque Ourse, ou de quelque Taureau. Pour les planètes qui tournent autour de lui, notre Terre, par exemple, comme on ne les voit point de si loin, on n'y songe seulement [3] pas. Ainsi tous les Soleils sont Soleils de jour pour le tourbillon où ils sont placés, et Soleils de nuit pour tous les autres tour-

---

1. Voir note 1, p. 69.
2. En énonçant cette règle, Fontenelle semble surtout soucieux de légitimer ses spéculations les plus hasardeuses. Il ne pouvait ignorer que, dès les premières lignes de ses *Règles pour la direction de l'esprit* (publiées en 1701), Descartes avait fermement critiqué l'habitude qu'ont les hommes, « chaque fois qu'ils découvrent une ressemblance entre deux choses, de leur attribuer à l'une et à l'autre, même en ce qui les distingue, ce qu'ils ont reconnu vrai de l'une d'elles ». (trad. Le Roy, Paris, Gallimard, 1953, p. 37). Sur cette méfiance de la pensée classique à l'égard de la ressemblance, on se reportera aux analyses de M. Foucault dans *Les Mots et les Choses*, Paris, Gallimard, 1966, p. 65 sq.
3. Même.

billons. Dans leur monde ils sont uniques en leur espèce, partout ailleurs ils ne servent qu'à faire nombre. Ne faut-il pas pourtant, reprit-elle, que les mondes, malgré cette égalité, diffèrent en mille choses, car un fond de ressemblance ne laisse de porter des différences infinies ?

Assurément, repris-je ; mais la difficulté est de deviner. Que sais-je ? Un tourbillon a plus de planètes qui tournent autour de son Soleil, un autre en a moins. Dans l'un il y a des planètes subalternes, qui tournent autour de planètes plus grandes ; dans l'autre il n'y en a point. Ici elles sont toutes ramassées autour de leur Soleil, et font comme un petit peloton, au-delà duquel s'étend un grand espace vide, qui va jusqu'aux tourbillons voisins ; ailleurs elles prennent leur cours vers les extrémités du tourbillon, et laissent le milieu vide. Je ne doute pas même qu'il ne puisse y avoir quelques tourbillons déserts et sans planètes ; d'autres dont le Soleil n'étant pas au centre, ait un véritable mouvement, et emporte ses planètes avec soi ; d'autres dont les planètes s'élèvent ou s'abaissent à l'égard de leur Soleil par le changement de l'équilibre qui les tient suspendues. Enfin que voudriez-vous ? En voilà bien assez pour un homme qui n'est jamais sorti de son tourbillon.

Ce n'en est guère, répondit-elle, pour la quantité des mondes. Ce que vous dites ne suffit que pour cinq ou six, et j'en vois d'ici des milliers.

Que serait-ce donc, repris-je, si je vous disais qu'il y a bien d'autres étoiles fixes, que celles que vous voyez ; qu'avec des lunettes on en découvre un nombre infini qui ne se montrent point aux yeux, et que dans une seule constellation où l'on en comptait peut-être douze ou quinze, il s'en trouve autant que l'on en voyait auparavant dans le ciel ?

Je vous demande grâce, s'écria-t-elle, je me rends ; vous m'accablez de mondes et de tourbillons. Je sais bien, ajoutai-je, ce que je vous garde [1]. Vous voyez cette blancheur qu'on appelle la Voie de lait. Vous figureriez-vous bien ce que c'est ? Une infinité de petites étoiles invi-

---

1. Ce que je vous tiens en réserve.

sibles aux yeux à cause de leur petitesse, et semées si près les unes des autres, qu'elles paraissent former une lueur continue. Je voudrais que vous vissiez avec des lunettes cette fourmilière d'astres, et cette graine de mondes. Ils ressemblent en quelque sorte aux îles Maldives, à ces douze mille petites îles ou bancs de sable, séparés seulement par des canaux de mer, que l'on sauterait presque comme des fossés. Ainsi les petits tourbillons de la Voie de lait sont si serrés qu'il me semble que d'un monde à l'autre on pourrait se parler, ou même se donner la main. Du moins je crois que les oiseaux d'un monde passent aisément dans un autre, et que l'on y peut dresser des pigeons à porter des lettres, comme ils en portent ici dans le levant d'une ville à une autre. Ces petits mondes sortent apparemment de la règle générale, par laquelle un Soleil dans son tourbillon efface dès qu'il paraît tous les Soleils étrangers. Si vous êtes dans un des petits tourbillons de la Voie de lait, votre Soleil n'est presque pas plus proche de vous, et n'a pas sensiblement plus de force sur vos yeux, que cent mille autres Soleils des petits tourbillons voisins. Vous voyez donc votre ciel briller d'un nombre infini de feux, qui sont fort proches les uns des autres, et peu éloignés de vous. Lorsque vous perdez de vue votre Soleil particulier, il vous en reste encore assez, et votre nuit n'est pas moins éclairée que le jour, du moins la différence ne peut pas être sensible ; et pour parler plus juste, vous n'avez jamais de nuit. Ils seraient bien étonnés, les gens de ces mondes-là, accoutumés comme ils sont à une clarté perpétuelle, si on leur disait qu'il y a des malheureux qui ont de véritables nuits, qui tombent dans des ténèbres profondes, et qui quand ils jouissent de la lumière, ne voient même qu'un seul Soleil. Ils nous regarderaient comme des êtres disgraciés de la nature, et notre condition les ferait frémir d'horreur.

Je ne vous demande pas, dit la Marquise, s'il y a des Lunes dans les mondes de la Voie de lait ; je vois bien qu'elles n'y seraient de nul usage aux planètes principales qui n'ont point de nuit, et qui d'ailleurs marchent dans des espaces trop étroits pour s'embarrasser de cet attirail de planètes subalternes. Mais savez-vous bien qu'à force de me multiplier les mondes si libéralement, vous me faites naître une véritable difficulté ? Les tourbillons dont nous voyons les Soleils touchent le tourbillon où nous sommes. Les tourbillons sont ronds, n'est-il pas vrai ? Et comment tant de boules en peuvent-elles toucher une seule ? Je veux m'imaginer cela, et je sens bien que je ne le puis [1].

Il y a beaucoup d'esprit, répondis-je, à avoir cette difficulté-là, et même à ne la pouvoir résoudre ; car elle est très bonne en soi, et de la manière dont vous la concevez, elle est sans réponse, et c'est avoir bien peu d'esprit que de trouver des réponses à ce qui n'en a point. Si notre tourbillon était de la figure d'un dé, il aurait six faces plates, et serait bien éloigné d'être rond ; mais sur chacune de ces faces, on y pourrait mettre un tourbillon de la même figure.

Si au lieu de six faces plates, il en avait vingt, cinquante, mille, il y aurait jusqu'à mille tourbillons qui pourraient poser sur lui, chacun sur une face, et vous concevez bien que plus un corps a de faces plates qui le terminent au-dehors, plus il approche d'être rond, en sorte qu'un diamant taillé à facettes de tous côtés, si les facettes étaient fort petites, serait quasi aussi rond qu'une perle de même grandeur. Les tourbillons ne sont ronds que de cette manière-là. Ils ont une infinité de faces en dehors, dont chacune porte un autre tourbillon. Ces faces sont fort inégales ; ici elles sont plus grandes, là plus petites. Les plus petites de notre tourbillon, par exemple, répondent [2] à la Voie de lait, et soutiennent tous ces petits mondes. Que deux tourbillons, qui sont appuyés sur deux faces voisines, laissent quelque vide entre eux par en bas, comme cela doit arriver très souvent, aussitôt la nature qui ménage bien le terrain, vous remplit ce vide par un petit tourbillon ou deux, peut-être par mille, qui n'incommodent point les autres, et ne laissent pas d'être un, ou deux, ou mille mondes de plus. Ainsi nous pouvons voir beaucoup plus de mondes que notre tourbillon n'a de faces pour en porter. Je gagerais que quoique ces petits

---

1. Difficulté classique de la physique cartésienne, que Descartes lui-même avait déjà perçue (cf. *Principes* III, art. 49).
2. Voir note 1, p. 73.

mondes n'aient été faits que pour être jetés dans des coins de l'univers qui fussent demeurés inutiles, quoiqu'ils soient inconnus aux autres mondes qui les touchent, ils ne laissent pas d'être fort contents d'eux-mêmes. Ce sont ceux sans doute dont on ne découvre les petits soleils qu'avec les lunettes d'approche, et qui sont en une quantité si prodigieuse. Enfin tous ces tourbillons s'ajustent les uns avec les autres le mieux qu'il est possible ; et comme il faut que chacun tourne autour de son Soleil sans changer de place, chacun prend la manière de tourner, qui est la plus commode et la plus aisée dans la situation où il est. Ils s'engrènent en quelque façon les uns dans les autres comme les roues d'une montre, et aident mutuellement leurs mouvements. Il est pourtant vrai qu'ils agissent aussi les uns contre les autres. Chaque monde, à ce qu'on dit [1], est comme un ballon qui s'étendrait, si on le laissait faire, mais il est aussitôt repoussé par les mondes voisins, et il rentre en lui-même, après quoi il recommence à s'enfler, et ainsi de suite ; et quelques philosophes prétendent que les étoiles fixes ne nous envoient cette lumière tremblante, et ne paraissent briller à reprises [2], que parce que leurs tourbillons poussent perpétuellement le nôtre, et en sont perpétuellement repoussés [3].

J'aime fort toutes ces idées-là, dit la Marquise. J'aime ces ballons qui s'enflent et se désenflent à chaque moment, et ces mondes qui se combattent toujours, et surtout j'aime à voir comment ce combat fait entre eux un commerce de lumière qui apparemment est le seul qu'ils puissent avoir [4].

---

1. Allusion aux *Principes* de Descartes.
2. Par intermittence.
3. D'après A. Calame, Fontenelle ferait ici allusion aux *Fundamenta physica* de Regius (Amsterdam, 1646).
4. Cet enthousiasme de la Marquise fait directement écho à celui d'Armande et Philaminte dans *Les Femmes savantes* de Molière, à propos de la cosmologie de Descartes : « J'aime ses tourbillons. – Moi, ses mondes tombants. » (acte III, scène 2). L'allusion est d'autant plus probable que ces « mondes tombants » font référence à l'explication cartésienne des comètes (*Principes* III, art. 126), question que Fontenelle aborde dans les lignes qui suivent immédiatement.

Non, non, repris-je, ce n'est pas le seul. Les mondes voisins nous envoient quelquefois visiter, et même assez magnifiquement. Il nous en vient des comètes, qui sont ornées, ou d'une chevelure éclatante, ou d'une barbe vénérable, ou d'une queue majestueuse [1].

Ah ! quels députés, dit-elle en riant ! On se passerait bien de leur visite, elle ne sert qu'à faire peur. Ils ne font peur qu'aux enfants, répliquai-je, à cause de leur équipage extraordinaire ; mais les enfants sont en grand nombre [2]. Les comètes ne sont que des planètes qui appartiennent à un tourbillon voisin. Elles avaient leur mouvement vers ses extrémités ; mais ce tourbillon étant peut-être différemment pressé par ceux qui l'environnent, est plus rond par en haut, et plus plat par en bas, et c'est par en bas qu'il nous regarde. Ces planètes qui auront commencé vers le haut à se mouvoir en cercle ne prévoyaient pas qu'en bas le tourbillon leur manquerait, parce qu'il est là comme écrasé, et pour continuer leur mouvement circulaire, il faut nécessairement qu'elles entrent dans un autre tourbillon, que je suppose qui est le nôtre, et qu'elles en coupent les extrémités. Aussi sont-elles toujours fort élevées à notre égard, on peut croire qu'elles marchent au-dessus de Saturne. Il est nécessaire, vu la prodigieuse distance des étoiles fixes, que depuis Saturne jusqu'aux extrémités de notre tourbillon, il y ait un grand espace vide, et sans planètes. Nos ennemis nous reprochent l'inutilité de ce grand espace. Qu'ils ne s'inquiètent plus, nous en avons trouvé l'usage [3], c'est l'ap-

---

1. Rappelons que le mot comète vient d'un terme grec signifiant « chevelu ». Les expressions imagées de Fontenelle sont donc un simple rappel de l'étymologie. Descartes parlait déjà dans ses *Principes* d'une « lumière fort étendue en forme de queue ou de chevelure qui a coutume d'accompagner [les comètes] » (III, § 133). Mais Fontenelle semble combiner deux emplois imagés du mot « queue » puisque le terme pouvait aussi désigner la traîne d'une robe ou d'un manteau d'apparat.

2. Au moment où il écrit ces lignes, Fontenelle avait déjà écrit une comédie satirique sur les superstitions attachées au passage des comètes : *La Comète* (1681). Quant aux célèbres *Pensées sur la comète* de Pierre Bayle, elles datent de 1683.

3. Allusion aux *Principes* de Descartes (III, § 133-135).

partement des planètes étrangères qui entrent dans notre monde.

J'entends, dit-elle. Nous ne leur permettons pas d'entrer jusque dans le cœur de notre tourbillon, et de se mêler avec nos planètes, nous les recevons comme le Grand Seigneur [1] reçoit les ambassadeurs qu'on lui envoie. Il ne leur fait pas l'honneur de les loger à Constantinople, mais seulement dans un faubourg de la ville. Nous avons encore cela de commun avec les Ottomans, repris-je, qu'ils reçoivent des ambassadeurs sans en renvoyer, et que nous ne renvoyons point de nos planètes aux mondes voisins.

À en juger par toutes ces choses, répliqua-t-elle, nous sommes bien fiers [2]. Cependant je ne sais pas trop encore ce que j'en dois croire. Ces planètes étrangères ont un air bien menaçant avec leurs queues et leurs barbes, et peut-être on nous les envoie pour nous insulter ; au lieu que les nôtres qui ne sont pas faites de la même manière, ne seraient pas si propres à se faire craindre, quand elles iraient dans les autres mondes.

Les queues et les barbes, répondis-je, ne sont que de pures apparences. Les planètes étrangères ne diffèrent en rien des nôtres ; mais en entrant dans notre tourbillon elles prennent la queue ou la barbe par une certaine sorte d'illumination qu'elles reçoivent du Soleil, et qui entre nous n'a pas encore été trop bien expliquée, mais toujours [3] on est sûr qu'il ne s'agit que d'une espèce d'illumination [4] ; on la devinera quand on pourra. Je voudrais donc bien, reprit-elle, que notre Saturne allât prendre une queue ou une barbe dans quelque autre tourbillon, et y répandre l'effroi, et qu'ensuite ayant mis bas [5] cet accompagnement terrible, il revînt se ranger ici avec les autres planètes à ses fonctions ordinaires. Il vaut mieux pour lui, répondis-je, qu'il ne sorte point de notre tourbillon.

1. Le Sultan de Turquie.
2. Hautains.
3. En tout cas.
4. Nouvelle allusion aux *Principes* de Descartes (III, § 133) : « De la queue des comètes et des diverses choses qu'on y a observées. »
5. « Mettre bas » les armes (ou un pavillon) était un signe de soumission.

Je vous ai dit le choc qui se fait à l'endroit où deux tourbillons se poussent, et se repoussent l'un l'autre, je crois que dans ce pas-là [1] une pauvre planète est agitée assez rudement, et que ses habitants ne s'en portent pas mieux. Nous croyons nous autres être bien malheureux quand il nous paraît une comète ; c'est la comète elle-même qui est bien malheureuse. Je ne le crois point, dit la Marquise, elle nous apporte tous ses habitants en bonne santé. Rien n'est si divertissant que de changer ainsi de tourbillon. Nous qui ne sortons jamais du nôtre, nous menons une vie assez ennuyeuse. Si les habitants d'une comète ont assez d'esprit pour prévoir le temps de leur passage dans notre monde, ceux qui ont déjà fait le voyage, annoncent aux autres par avance ce qu'ils y verront. Vous découvrirez bientôt une planète qui a un grand anneau autour d'elle, disent-ils peut-être en parlant de Saturne. Vous en verrez une autre qui en a quatre petites qui la suivent. Peut-être même y a-t-il des gens destinés à observer le moment où ils entrent dans notre monde, et qui crient aussitôt, *Nouveau Soleil, Nouveau Soleil*, comme ces matelots qui crient, *Terre, Terre*.

Il ne faut donc plus songer, lui dis-je, à vous donner de la pitié pour les habitants d'une comète ; mais j'espère du moins que vous plaindrez ceux qui vivent dans un tourbillon dont le Soleil vient à s'éteindre et qui demeurent dans une nuit éternelle. Quoi ? s'écria-t-elle, des Soleils s'éteignent ? Oui, sans doute, répondis-je. Les Anciens ont vu dans le ciel des étoiles fixes que nous n'y voyons plus. Ces Soleils ont perdu leur lumière ; grande désolation assurément dans tout le tourbillon, mortalité générale sur toutes les planètes ; car que faire sans Soleil ? Cette idée est trop funeste, reprit-elle. N'y aurait-il pas moyen de me l'épargner ? Je vous dirai, si vous voulez, répondis-je, ce que disent de fort habiles gens, que les étoiles fixes qui ont disparu ne sont pas pour cela éteintes, que ce sont des Soleils qui ne le sont qu'à demi, c'est-à-dire qui ont une moitié obscure, et l'autre lumi-

1. « Pas : se dit par extension d'un passage dangereux, étroit et fortifié, où on peut aisément empêcher de passer » (Furetière, 1690). Beaucoup d'éditions corrigent abusivement en remplaçant « pas » par « cas ».

neuse ; que comme ils tournent sur eux-mêmes, tantôt ils nous présentent la moitié lumineuse, tantôt la moitié obscure, et qu'alors nous ne les voyons plus. Selon toutes les apparences la cinquième Lune de Saturne est faite ainsi, car pendant une partie de sa révolution, on la perd absolument de vue, et ce n'est pas qu'elle soit alors plus éloignée de la Terre, au contraire elle en est quelquefois plus proche que dans d'autres temps où elle se laisse voir. Et quoique cette Lune soit une planète, qui naturellement ne tire pas à conséquence pour un Soleil, on peut fort bien imaginer un Soleil qui soit en partie couvert de taches fixes, au lieu que le nôtre n'en a que de passagères. Je prendrais bien, pour vous obliger [1], cette opinion-là, qui est plus douce que l'autre ; mais je ne puis la prendre qu'à l'égard de certaines étoiles qui ont des temps réglés pour paraître et pour disparaître, ainsi qu'on a commencé à s'en apercevoir, autrement les demi-Soleils ne peuvent pas subsister. Mais que dirons-nous des étoiles qui disparaissent, et ne se remontrent pas après le temps pendant lequel elles auraient dû assurément achever de tourner sur elles-mêmes ? Vous êtes trop équitable pour vouloir m'obliger à croire que ce soient des demi-Soleils ; cependant je ferai encore un effort en votre faveur. Ces Soleils ne se seront pas éteints ; ils se seront seulement enfoncés dans la profondeur immense du ciel, et nous ne pourrons plus les voir ; en ce cas le tourbillon aura suivi son Soleil, et tout s'y portera bien. Il est vrai que la plus grande partie des étoiles fixes n'ont pas ce mouvement par lequel elles s'éloignent de nous ; car en d'autres temps elles devraient s'en rapprocher, et nous les verrions tantôt plus grandes tantôt plus petites, ce qui n'arrive pas. Mais nous supposerons qu'il n'y a que quelques petits tourbillons plus légers et plus agiles qui se glissent entre les autres, et font de certains tours, au bout desquels ils reviennent, tandis que le gros des tourbillons demeure immobile, mais voici un étrange malheur. Il y a des étoiles fixes qui viennent se montrer à nous, qui passent beaucoup de temps à ne faire que paraître et disparaître, et enfin dis-

---

1. Pour vous être agréable.

paraissent entièrement. Des demi-Soleils reparaîtraient dans des temps réglés, des Soleils qui s'enfonceraient dans le ciel ne disparaîtraient qu'une fois, pour ne reparaître de longtemps. Prenez votre résolution, Madame, avec courage ; il faut que ces étoiles soient des Soleils qui s'obscurcissent assez pour cesser d'être visibles à nos yeux, et ensuite se rallument, et à la fin s'éteignent tout à fait. Comment un Soleil peut-il s'obscurcir et s'éteindre, dit la Marquise, lui qui est en lui-même une source de lumière ? Le plus aisément du monde, selon Descartes, répondis-je [1]. Il suppose que les taches de notre Soleil, étant des écumes ou des brouillards, elles peuvent s'épaissir, se mettre plusieurs ensemble, s'accrocher les unes aux autres, ensuite elles iront jusqu'à former autour du Soleil une croûte qui s'augmentera toujours, et adieu le Soleil [2]. Si le Soleil est un feu attaché à une matière solide qui le nourrit, nous n'en sommes pas mieux, la matière solide se consumera. Nous l'avons déjà même échappé belle, dit-on. Le Soleil a été très pâle pendant des années entières, pendant celle, par exemple, qui suivit la mort de César [3]. C'était la croûte qui commençait à se faire ; la force du Soleil la rompit et la dissipa, mais si elle eût continué, nous étions perdus. Vous me faites trembler, dit la Marquise. Présentement que je sais les conséquences de la pâleur du Soleil, je crois qu'au lieu d'aller voir les matins à mon miroir si je ne suis point pâle, j'irai voir au ciel si le Soleil ne l'est point lui-même. Ah ! Madame, répondis-je, rassurez-vous, il faut du temps pour ruiner un monde. Mais enfin, dit-elle, il ne faut que du temps ? Je vous l'avoue [4], repris-je. Toute cette masse immense de matière qui compose l'univers est dans un mouvement perpétuel, dont aucune de ses parties n'est entièrement exempte, et dès qu'il y a du mouvement quelque part, ne

---

1. Voir Descartes, *Principes* III § 112 (« Comment une étoile peut disparaître peu à peu »).
2. Cf. Descartes : « ... il peut, par succession de temps, se former en même façon plusieurs autres telles écorces sur ce même astre... » (*Principes*, III § 113) .
3. Allusion au récit de Pline l'Ancien dans son *Histoire naturelle* I, 2, chap. 30.
4. Je vous le concède.

vous y fiez point, il faut qu'il arrive des changements, soit lents, soit prompts, mais toujours dans des temps proportionnés à l'effet. Les Anciens étaient plaisants de s'imaginer que les corps célestes étaient de nature à ne changer jamais, parce qu'ils ne les avaient pas encore vus changer. Avaient-ils eu le loisir de s'en assurer par l'expérience ? Les Anciens étaient jeunes auprès de nous. Si les roses qui ne durent qu'un jour faisaient des histoires, et se laissaient des mémoires les unes aux autres, les premières auraient fait le portrait de leur jardinier d'une certaine façon, et de plus de quinze mille âges de roses, les autres qui l'auraient encore laissé à celles qui les devaient suivre, n'y auraient rien changé. Sur cela, elles diraient : *Nous avons toujours vu le même jardinier, de mémoire de rose on n'a vu que lui, il a toujours été fait comme il est, assurément il ne meurt point comme nous, il ne change seulement pas* [1]. Le raisonnement des roses serait-il bon ? Il aurait pourtant plus de fondement que celui que faisaient les Anciens sur les corps célestes ; et quand même il ne serait arrivé aucun changement dans les cieux jusqu'à aujourd'hui, quand ils paraîtraient marquer qu'ils seraient faits pour durer toujours sans aucune altération, je ne les en croirais pas encore, j'attendrais une plus longue expérience. Devons-nous établir notre durée, qui n'est que d'un instant, pour la mesure de quelque autre ? Serait-ce à dire que ce qui aurait duré cent mille fois plus que nous, dût toujours durer ? On n'est pas si aisément éternel. Il faudrait qu'une chose eût passé bien des âges d'homme mis bout à bout, pour commencer à donner quelque signe d'immortalité. Vraiment, dit la Marquise, je vois les mondes bien éloignés d'y pouvoir prétendre. Je ne leur ferais seulement pas l'honneur de les comparer à ce jardinier qui dure tant à l'égard des roses, ils ne sont que comme les roses même qui naissent et qui meurent dans un jardin les unes après les autres ; car je m'attends bien que s'il disparaît des étoiles anciennes, il en paraît de nouvelles, il faut que l'espèce se répare. Il n'est pas à craindre qu'elle périsse, répondis-

---

1. Même pas.

je. Les uns vous diront que ce ne sont que des Soleils
qui se rapprochent de nous, après avoir été longtemps
perdus pour nous dans la profondeur du ciel. D'autres
vous diront que ce sont des Soleils qui se sont dégagés
de cette croûte obscure qui commençait à les environner.
Je crois aisément que tout cela peut être, mais je crois
aussi que l'univers peut avoir été fait de sorte qu'il s'y
formera de temps en temps des Soleils nouveaux. Pourquoi la matière propre à faire un Soleil ne pourra-t-elle
pas, après avoir été dispersée en plusieurs endroits différents, se ramasser à la longue en un certain lieu, et y
jeter les fondements d'un nouveau monde ? J'ai d'autant
plus d'inclination à croire ces nouvelles productions,
qu'elles répondent mieux à la haute idée que j'ai des
ouvrages de la nature. N'aurait-elle le pouvoir que de
faire naître et mourir des plantes ou des animaux par une
révolution continuelle ? Je suis persuadé, et vous l'êtes
déjà aussi, qu'elle met en usage ce même pouvoir sur les
mondes, et qu'il ne lui en coûte pas davantage. Mais nous
avons sur cela plus que de simples conjectures. Le fait
est que, depuis près de cent ans que l'on voit avec les
lunettes un ciel tout nouveau, et inconnu aux Anciens [1],
il n'y a pas beaucoup de constellations où il ne soit arrivé
quelque changement sensible ; et c'est dans la Voie de
lait qu'on en remarque le plus, comme si, dans cette fourmilière de petits mondes, il régnait plus de mouvement
et d'inquiétude [2]. De bonne foi, dit la Marquise, je trouve
à présent les mondes, les cieux et les corps célestes si
sujets au changement, que m'en voilà tout à fait revenue.
Revenons-en encore mieux, si vous m'en croyez, répliquai-je, n'en parlons plus, aussi bien vous voilà arrivée à
la dernière voûte des cieux ; et pour vous dire s'il y a
encore des étoiles au-delà, il faudrait être plus habile [3]
que je ne suis. Mettez-y encore des mondes, n'y en mettez pas, cela dépend de vous. C'est proprement l'empire
des philosophes que ces grands pays invisibles qui

---

1. Les lunettes d'approche furent inventées parallèlement par le Hollandais Jansen et par Galilée vers 1608-1609.
2. Au sens classique : absence de quiétude, de repos.
3. Savant.

peuvent être ou n'être pas si on veut, ou être tels que l'on veut, il me suffit d'avoir mené votre esprit aussi loin que vont vos yeux.

Quoi ! s'écria-t-elle, j'ai dans la tête tout le système de l'univers ! Je suis savante ! Oui, répliquai-je, vous l'êtes assez raisonnablement, et vous l'êtes avec la commodité de pouvoir ne rien croire de tout ce que je vous ai dit dès que l'envie vous en prendra. Je vous demande seulement pour récompense de mes peines, de ne voir jamais le Soleil, ni le ciel, ni les étoiles, sans songer à moi.

– *Puisque j'ai rendu compte de ces Entretiens au public, je crois ne lui devoir plus rien cacher sur cette matière. Je publierai un nouvel Entretien qui vint long-temps après les autres, mais qui fut précisément de la même espèce. Il portera le nom de Soir, puisque les autres l'ont porté ; il vaut mieux que tout soit sous le même titre* [1].

---

1. Depuis l'édition de 1687, c'est par cette note que Fontenelle annonce le Sixième Soir.

SIXIÈME SOIR

NOUVELLES PENSÉES
QUI CONFIRMENT CELLES DES ENTRETIENS PRÉCÉDENTS.
DERNIÈRES DÉCOUVERTES QUI ONT ÉTÉ FAITES
DANS LE CIEL

Il y avait longtemps que nous ne parlions plus des mondes, Madame L. M. D. G. et moi, et nous commencions même à oublier que nous en eussions jamais parlé, lorsque j'allai un jour chez elle, et y entrai justement comme [1] deux hommes d'esprit et assez connus dans le monde en sortaient. Vous voyez bien, me dit-elle aussitôt qu'elle me vit, quelle visite je viens de recevoir ; je vous avouerai qu'elle m'a laissée avec quelque soupçon que vous pourriez bien m'avoir gâté l'esprit. Je serais bien glorieux [2], lui répondis-je, d'avoir eu tant de pouvoir sur vous, je ne crois pas qu'on pût rien entreprendre de plus difficile. Je crains pourtant que vous ne l'ayez fait, reprit-elle. Je ne sais comment la conversation s'est tournée sur les mondes, avec ces deux hommes qui viennent de sortir ; peut-être ont-ils amené ce discours malicieusement. Je n'ai pas manqué de leur dire aussitôt que toutes les planètes étaient habitées. L'un d'eux m'a dit qu'il était fort persuadé que je ne le croyais pas ; moi avec toute la naïveté possible, je lui ai soutenu que je le croyais ; il a toujours pris cela pour une feinte d'une personne qui voulait se divertir, et j'ai cru que ce qui le rendait si opiniâtre à ne me pas croire moi-même sur mes sentiments, c'est qu'il m'estimait trop pour s'imaginer que je fusse capable

---

1. Au moment où.
2. Fier.

d'une opinion si extravagante. Pour l'autre qui ne m'estime pas tant, il m'a crue sur ma parole. Pourquoi m'avez-vous entêtée [1] d'une chose que les gens qui m'estiment ne peuvent pas croire que je soutienne sérieusement ? Mais, Madame, lui répondis-je, pourquoi la souteniez-vous sérieusement avec des gens que je suis sûr qui [2] n'entraient dans aucun raisonnement qui fût un peu sérieux ? Est-ce ainsi qu'il faut commettre [3] les habitants des planètes ? Contentons-nous d'être une petite troupe choisie qui les croyons, et ne divulguons pas nos mystères dans le peuple. Comment, s'écria-t-elle, appelez-vous peuple les deux hommes qui sortent d'ici ? Ils ont bien de l'esprit, répliquai-je, mais ils ne raisonnent jamais. Les raisonneurs, qui sont gens durs, les appelleront peuple sans difficulté [4]. D'autre part ces gens-ci s'en vengent en tournant les raisonneurs en ridicules, et c'est ce me semble, un ordre très bien établi que chaque espèce méprise ce qui lui manque. Il faudrait, s'il était possible, s'accommoder à chacune ; il eût bien mieux valu plaisanter des habitants des planètes avec ces deux hommes que vous venez de voir, puisqu'ils savent plaisanter, que d'en raisonner, puisqu'ils ne le savent pas faire. Vous en seriez sortie avec leur estime, et les planètes n'y auraient pas perdu un seul de leurs habitants. Trahir la vérité ! dit la Marquise. Vous n'avez point de conscience [5]. Je vous avoue, répondis-je, que je n'ai pas un grand zèle pour ces vérités-là, et que je les sacrifie volontiers aux moindres commodités de la société. Je vois, par exemple, à quoi il tient, et à quoi il tiendra toujours, que l'opinion des habi-

---

1. Entêtement, en langue classique, est synonyme d'engouement. Entêter signifie ici persuader.

2. Sur ce tour, voir note 6, p. 63.

3. « Exposer à quelque danger » (Furetière, 1690).

4. Le *Dictionnaire de l'Académie* (1694) s'efforce de cerner les frontières complexes de cette notion de « peuple », en précisant que le mot peut désigner l'ensemble de la population « sans y comprendre ce qu'on appelle les gens de qualité, et les gens qui ont de l'esprit et de la politesse ». Fontenelle redéfinit ces frontières de manière très personnelle puisque pour lui l'« esprit » ne saurait être un critère suffisant pour faire partie de la « petite troupe choisie ».

5. Sens moral.

tants des planètes ne passe pour aussi vraisemblable qu'elle l'est ; les planètes se présentent toujours aux yeux comme des corps qui jettent de la lumière, et non point comme de grandes campagnes ou de grandes prairies ; nous croirions bien que des prairies et des campagnes seraient habitées, mais des corps lumineux, il n'y a pas moyen. La raison a beau venir nous dire qu'il y a dans les planètes des campagnes, des prairies, la raison vient trop tard, le premier coup d'œil a fait son effet sur nous avant elle, nous ne la voulons plus écouter, les planètes ne sont que des corps lumineux ; et puis comment seraient faits leurs habitants ? Il faudrait que notre imagination nous représentât aussitôt leurs figures, elle ne le peut pas ; c'est le plus court de croire qu'ils ne sont point. Voudriez-vous que pour établir les habitants des planètes dont les intérêts me touchent d'assez loin, j'allasse attaquer ces redoutables puissances qu'on appelle les sens et l'imagination [1] ? Il faudrait bien du courage pour cette entreprise ; on ne persuade pas facilement aux hommes de mettre leur raison en la place de leurs yeux. Je vois quelquefois bien des gens assez raisonnables pour vouloir bien croire, après mille preuves, que les planètes sont des Terres ; mais ils ne le croient pas de la même façon qu'ils le croiraient s'ils ne les avaient pas vues sous une apparence différente, il leur souvient toujours de la première idée qu'ils en ont prise, et ils n'en reviennent pas bien. Ce sont ces gens-là qui en croyant notre opinion, semblent cependant lui faire grâce, et ne la favoriser qu'à cause d'un certain plaisir que leur fait sa singularité.

Eh quoi, interrompit-elle, n'en est-ce pas assez pour une opinion qui n'est que vraisemblable ? Vous seriez bien étonnée, repris-je, si je vous disais que le terme de vraisemblable est assez modeste. Est-il simplement vraisemblable qu'Alexandre ait été ? Vous vous en tenez fort sûre, et sur quoi est fondée cette certitude ? Sur ce que vous en avez toutes les preuves que vous pouvez souhaiter en pareille matière, et qu'il ne se présente pas le moindre sujet de douter, qui suspende et qui arrête votre

---

1. Ces formules font directement écho aux premiers livres de *La Recherche de la vérité* de Malebranche (1674).

esprit ; car du reste, vous n'avez jamais vu Alexandre, et vous n'avez pas de démonstration mathématique qu'il ait dû être [1] ; mais que diriez-vous si les habitants des planètes étaient à peu près dans le même cas ? On ne saurait vous les faire voir, et vous ne pouvez pas demander qu'on vous les démontre comme l'on ferait une affaire de mathématique ; mais toutes les preuves qu'on peut souhaiter d'une pareille chose, vous les avez, la ressemblance entière des planètes avec la Terre qui est habitée, l'impossibilité d'imaginer aucun autre usage pour lequel elles eussent été faites, la fécondité et la magnificence de la nature, de certains égards qu'elle paraît avoir eus pour les besoins de leurs habitants, comme d'avoir donné des lunes aux planètes éloignées du Soleil, et plus de lunes aux plus éloignées ; et ce qui est très important, tout est de ce côté-là, et rien du tout de l'autre, et vous ne sauriez imaginer le moindre sujet de doute, si vous ne reprenez les yeux et l'esprit du peuple. Enfin supposez qu'ils soient, ces habitants des planètes, ils ne sauraient se déclarer par plus de marques, et par des marques plus sensibles, après cela, c'est à vous à voir si vous ne les voulez traiter que de chose purement vraisemblable. Mais vous ne voudriez pas, reprit-elle, que cela me parût aussi certain qu'il me le paraît qu'Alexandre a été ? Non pas tout à fait, répondis-je ; car quoique nous ayons sur les habitants des planètes autant de preuves que nous en pouvons avoir dans la situation où nous sommes, le nombre de ces preuves n'est pourtant pas grand. Je m'en vais renoncer aux habitants des planètes, interrompit-elle, car je ne sais plus en quel rang les mettre dans mon esprit ; ils ne sont pas tout à fait certains, ils sont plus que vrai-

---

1. Toute cette argumentation s'inspire sans doute de la troisième partie du *Discours sur les Pensées de M. Pascal* de Jean Filleau de La Chaise (dans la réédition de 1673) : « Traité où l'on montre qu'il y a des démonstrations d'une autre espèce et aussi certaines que celles de la géométrie ». La Bruyère, dans le fragment 22 du chapitre « Des Esprits forts », dénonce cette argumentation de Fontenelle en reprochant implicitement à celui-ci de croire en César, dont l'existence n'est pourtant attestée que par des récits humains, donc peu fiables, et au contraire de ne pas croire en la vérité de l'Écriture, vérité pourtant révélée et sacrée parmi les hommes depuis près de deux mille ans.

semblables, cela m'embarrasse trop. Ah ! Madame, répliquai-je, ne vous découragez pas. Les horloges les plus communes et les plus grossières marquent les heures, il n'y a que celles qui sont travaillées avec plus d'art qui marquent les minutes. De même les esprits ordinaires sentent bien la différence d'une simple vraisemblance à une certitude entière ; mais il n'y a que les esprits fins qui sentent le plus ou le moins de certitude ou de vraisemblance, et qui en marquent, pour ainsi dire, les minutes par leur sentiment [1]. Placez les habitants des planètes un peu au-dessous d'Alexandre, mais au-dessus de je ne sais combien de points d'histoire qui ne sont pas tout à fait prouvés, je crois qu'ils seront bien là. J'aime l'ordre, dit-elle, et vous me faites plaisir d'arranger mes idées ; mais pourquoi n'avez-vous pas déjà pris ce soin-là ? Parce que quand vous croirez les habitants des planètes un peu plus, ou un peu moins qu'ils ne méritent, il n'y aura pas grand mal, répondis-je. Je suis sûr que vous ne croyez pas le mouvement de la Terre autant qu'il devrait être cru, en êtes-vous beaucoup à plaindre ? Oh ! pour cela, reprit-elle, j'en fais bien mon devoir, vous n'avez rien à me reprocher, je crois fermement que la Terre tourne. Je ne vous ai pourtant pas dit la meilleure raison qui le prouve, répliquai-je. Ah ! s'écria-t-elle, c'est une trahison de m'avoir fait croire les choses avec de faibles preuves. Vous ne me jugiez donc pas digne de croire sur de bonnes raisons ? Je ne vous prouvais les choses, répondis-je, qu'avec de petits raisonnements doux, et accommodés à votre usage ; en eussé-je employé d'aussi solides et d'aussi robustes que si j'avais eu à attaquer un docteur [2] ? Oui, dit-elle, prenez-moi présentement pour un docteur, et voyons cette nouvelle preuve du mouvement de la Terre.

---

1. Allusion probable à Pascal et à sa fameuse distinction entre « esprit de finesse » et « esprit de géométrie » (Cf. en particulier : « [Les choses de finesse sont] tellement délicates et si nombreuses qu'il faut un sens bien délicat et bien net pour les sentir », *Pensées*, frag. 1). Le paradoxe est que, chez Fontenelle, la métaphore qui sert à définir ces esprits fins est sinon géométrique du moins purement mécanique...

2. C'est-à-dire un homme docte, un savant.

Volontiers, repris-je, la voici. Elle me plaît fort, peut-être parce que je crois l'avoir trouvée ; cependant elle est si bonne et si naturelle, que je n'oserais m'assurer d'en être l'inventeur. Il est toujours sûr qu'un savant entêté [1] qui y voudrait répondre, serait réduit à parler beaucoup, ce qui est la seule manière dont un savant puisse être confondu. Il faut ou que tous les corps célestes tournent en vingt-quatre heures autour de la Terre, ou que la Terre tournant sur elle-même en vingt-quatre heures attribue ce mouvement à tous les corps célestes. Mais qu'ils aient réellement cette révolution de vingt-quatre heures autour de la Terre, c'est bien la chose du monde où il y a le moins d'apparence [2], quoique l'absurdité n'en saute pas d'abord aux yeux. Toutes les planètes font certainement leurs grandes révolutions autour du Soleil ; mais ces révolutions sont inégales entre elles, selon les distances où les planètes sont du Soleil ; les plus éloignées font leurs cours en plus du temps, ce qui est fort naturel. Cet ordre s'observe même entre les petites planètes subalternes qui tournent autour d'une grande. Les quatre lunes de Jupiter, les cinq de Saturne, font leur cercle en plus ou moins de temps autour de leur grande planète, selon qu'elles en sont plus ou moins éloignées. De plus, il est sûr que les planètes ont des mouvements sur leurs propres centres, ces mouvements sont encore inégaux, on ne sait pas bien sur quoi se règle cette inégalité, si c'est ou sur la différente grosseur des planètes, ou sur leur différente solidité, ou sur la différente vitesse des tourbillons particuliers qui les enferment, et des matières liquides où elles sont portées, mais enfin l'inégalité est très certaine et, en général, tel est l'ordre de la nature, que tout ce qui est commun à plusieurs choses, se trouve en même temps varié par des différences particulières.

Je vous entends, interrompit la Marquise, et je crois que vous avez raison. Oui, je suis de votre avis ; si les planètes tournaient autour de la Terre, elles tourneraient en des temps inégaux selon leurs distances, ainsi qu'elles

---

1. L'adjectif a ici une valeur proche du sens moderne (voir note 1, p. 160).
2. Voir note 2, p. 89.

font autour du Soleil ; n'est-ce pas ce que vous voulez dire ? Justement, Madame, repris-je ; leurs distances iné-gales à l'égard de la Terre devraient produire des diffé-rences dans ce mouvement prétendu autour de la Terre ; et les étoiles fixes qui sont si prodigieusement éloignées de nous, si fort élevées au-dessus de tout ce qui pourrait prendre autour de nous un mouvement général, du moins situées en lieu où ce mouvement devrait être fort affaibli, n'y aurait-il pas bien de l'apparence [1] qu'elles ne tour-neraient pas autour de nous en vingt-quatre heures, comme la Lune qui en est si proche ? Les comètes, qui sont étrangères dans notre tourbillon, qui y tiennent des routes si différentes les unes des autres, ne devraient-elles pas être dispensées de tourner toutes autour de nous dans ce même temps de vingt-quatre heures ? Mais non, pla-nètes, étoiles fixes, comètes, tout tournera en vingt-quatre heures autour de la Terre. Encore, s'il y avait dans ces mouvements quelques minutes de différence, on pourrait s'en contenter ; mais ils seront tous de la plus exacte éga-lité, ou plutôt de la seule égalité exacte qui soit au monde ; pas une minute de plus ou de moins. En vérité, cela doit être étrangement suspect.

Oh ! dit la Marquise, puisqu'il est possible que cette grande égalité ne soit que dans notre imagination, je me tiens fort sûre qu'elle n'est point hors de là. Je suis bien aise qu'une chose qui n'est point du génie de la nature retombe entièrement sur nous, et qu'elle en soit déchar-gée, quoique ce soit à nos dépens. Pour moi, repris-je, je suis si ennemi de l'égalité parfaite, que je ne trouve pas bon que tous les tours que la Terre fait chaque jour sur elle-même soient précisément de vingt-quatre heures et toujours égaux les uns aux autres ; j'aurais assez d'incli-nation à croire qu'il y a des différences. Des différences, s'écria-t-elle ! Et nos pendules ne marquent-elles pas une entière égalité ? Oh ! répondis-je, je récuse les pendules ; elles ne peuvent pas elles-mêmes être tout à fait justes, et quelquefois qu'elles le seront [2] en marquant qu'un tour de vingt-quatre heures sera plus long ou plus court qu'un

---

1. Voir note 2, p. 90.
2. Et même si elles devenaient tout à fait justes...

autre, on aimera mieux les croire déréglées que de soupçonner la Terre de quelque irrégularité dans ses révolutions. Voilà un plaisant respect qu'on a pour elle, je ne
me fierais guère plus à la Terre qu'à une pendule ; les
mêmes choses à peu près qui dérégleront l'une, dérégleront l'autre ; je crois seulement qu'il faut plus de temps
à la Terre qu'à une pendule pour se dérégler sensiblement, c'est tout l'avantage qu'on peut lui accorder. Ne
pourrait-elle pas peu à peu s'approcher du Soleil ? Et
alors se trouvant dans un endroit où la matière serait plus
agitée, et le mouvement plus rapide, elle ferait en moins
de temps sa double révolution et autour du Soleil, et
autour d'elle-même. Les années seraient plus courtes, et
les jours aussi, mais on ne pourrait s'en apercevoir, parce
qu'on ne laisserait pas de partager toujours les années en
trois cent soixante et cinq jours, et les jours en vingt-
quatre heures. Ainsi sans vivre plus que nous ne vivons
présentement, on vivrait plus d'années ; et au contraire,
que la Terre s'éloigne du Soleil, on vivra moins d'années
que nous, et on ne vivra pas moins. Il y a beaucoup
d'apparence [1], dit-elle, que quand cela serait, de longues
suites de siècles ne produiraient que de bien petites différences. J'en conviens, répondis-je ; la conduite de la
nature n'est pas brusque, et sa méthode est d'amener tout
par des degrés qui ne sont sensibles que dans les changements fort prompts et fort aisés. Nous ne sommes
presque capables de nous apercevoir que de celui des saisons ; pour les autres qui se font avec une certaine len-
teur, ils ne manquent guère de nous échapper [2]. Cependant tout est dans un branle perpétuel [3], et par conséquent
tout change ; et il n'y a pas jusqu'à une certaine demoiselle que l'on a vue dans la Lune avec des lunettes, il y
a peut-être quarante ans, qui ne soit considérablement
vieillie [4]. Elle avait un assez beau visage ; ses joues se

---

1. Voir note 2, p. 90.
2. La plupart du temps, ils nous échappent.
3. Fontenelle fait ici écho à Montaigne (« Le monde n'est qu'une bran-
loire perenne. Toutes choses y branlent sans cesse. », *Essais*, III,
chap. 2).
4. Allusion à la carte de la Lune que G.-D. Cassini fit graver en 1680

sont enfoncées, son nez s'est allongé, son front et son menton se sont avancés, de sorte que tous ses agréments sont évanouis, et que l'on craint même pour ses jours.

Que me contez-vous là, interrompit la Marquise ? Ce n'est point une plaisanterie, repris-je. On apercevait dans la Lune une figure particulière qui avait de l'air d'une tête de femme qui sortait d'entre des rochers, et il est arrivé du changement dans cet endroit-là. Il est tombé quelques morceaux de montagnes, et ils ont laissé à découvert trois pointes qui ne peuvent plus servir qu'à composer un front, un nez, et un menton de vieille. Ne semble-t-il pas, dit-elle, qu'il y ait une destinée malicieuse qui en veuille particulièrement à la beauté ? Ç'a été justement cette tête de demoiselle qu'elle a été attaquer sur toute la Lune. Peut-être qu'en récompense [1], répliquai-je, les changements qui arrivent sur notre Terre embellissent quelque visage que les gens de la Lune y voient ; j'entends quelque visage à la manière de la Lune, car chacun transporte sur les objets les idées dont il est rempli. Nos astronomes voient sur la Lune des visages de demoiselles, il pourrait être [2] que des femmes, qui observeraient, y verraient de beaux visages d'hommes. Moi, Madame, je ne sais si je ne vous y verrais point. J'avoue, dit-elle, que je ne pourrais pas me défendre d'être obligée à qui me trouverait là [3] ; mais je retourne à ce que vous me disiez tout à l'heure ; arrive-t-il sur la Terre des changements considérables ?

Il y a beaucoup d'apparence [4], répondis-je, qu'il en est arrivé. Plusieurs montagnes élevées et fort éloignées de la mer, ont de grands lits de coquillages, qui marquent nécessairement que l'eau les a autrefois couvertes. Souvent, assez loin encore de la mer, on trouve des pierres, où sont des poissons pétrifiés. Qui peut les avoir mis là, si la mer n'y a pas été ? Les fables disent qu'Hercule

---

(voir note 1, p. 90) et qui dessinait nettement une tête de jeune femme conformément à une ancienne croyance populaire que Cassini reprenait comme simple point de repère.
1. En compensation.
2. Il est possible.
3. D'être reconnaissante envers la personne qui me verrait là.
4. Voir note 2, p. 90.

sépara avec ses deux mains deux montagnes nommées Calpé et Abyla, qui étant situées entre l'Afrique et l'Espagne, arrêtaient l'océan, et qu'aussitôt la mer entra avec violence dans les terres, et fit ce grand golfe qu'on appelle la Méditerranée [1]. Les fables ne sont point tout à fait des fables, ce sont des histoires des temps reculés, mais qui ont été défigurées, ou par l'ignorance des peuples, ou par l'amour qu'ils avaient pour le merveilleux, très anciennes maladies des hommes [2]. Qu'Hercule ait séparé deux montagnes avec ses deux mains, cela n'est pas trop croyable ; mais que du temps de quelque Hercule, car il y en a cinquante, l'Océan ait enfoncé deux montagnes plus faibles que les autres, peut-être à l'aide de quelque tremblement de terre, et se soit jeté entre l'Europe et l'Afrique, je le croirais sans beaucoup de peine. Ce fut alors une belle tache que les habitants de la Lune virent paraître tout à coup sur notre Terre ; car vous savez, Madame, que les mers sont des taches. Du moins l'opinion commune est que la Sicile a été séparée de l'Italie, et Chypre de la Syrie ; il s'est quelquefois formé de nouvelles îles dans la mer ; des tremblements de terre ont abîmé [3] des montagnes, en ont fait naître d'autres, et ont changé le cours des rivières ; les philosophes nous font craindre que le royaume de Naples et la Sicile, qui sont des terres appuyées sur de grandes voûtes souterraines remplies de soufre, ne fondent quelque jour, quand les voûtes ne seront plus assez fortes pour résister aux feux qu'elles renferment et qu'elles exhalent présentement par des soupiraux tels que le Vésuve et l'Etna. En voilà assez pour diversifier un peu le spectacle que nous donnons aux gens de la Lune.

J'aimerais bien mieux, dit la Marquise, que nous les ennuyassions en leur donnant toujours le même, que de les divertir par des provinces abîmées [4].

---

1. Allusion au onzième des travaux d'Hercule.
2. Fontenelle développera cette thèse dans son livre *De l'origine des fables*, publié en 1724 mais rédigé dans les années 1690.
3. Jeter dans un abîme, engloutir.
4. Par le spectacle de l'engloutissement de provinces entières.

Cela ne serait encore rien, repris-je, en comparaison de ce qui se passe dans Jupiter. Il paraît sur sa surface comme des bandes, dont il serait enveloppé, et que l'on distingue les unes des autres, ou des intervalles qui sont entre elles, par les différents degrés de clarté ou d'obscurité. Ce sont des terres et des mers, ou enfin de grandes parties de la surface de Jupiter, aussi différentes entre elles. Tantôt ces bandes s'étrécissent, tantôt elles s'élargissent ; elles s'interrompent quelquefois, et se réunissent ensuite ; il s'en forme de nouvelles en divers endroits, et il s'en efface, et tous ces changements, qui ne sont sensibles qu'à nos meilleures lunettes, sont en eux-mêmes beaucoup plus considérables que si notre Océan inondait toute la terre ferme, et laissait en sa place de nouveaux continents. À moins que les habitants de Jupiter ne soient amphibies, et qu'ils ne vivent également sur la terre, et dans l'eau, je ne sais pas trop bien ce qu'ils deviennent. On voit aussi sur la surface de Mars de grands changements, et même d'un mois à l'autre. En aussi peu de temps, des mers couvrent de grands continents, ou se retirent par un flux et reflux infiniment plus violent que le nôtre, ou du moins c'est quelque chose d'équivalent. Notre planète est bien tranquille auprès de ces deux-là, et nous avons grand sujet de nous en louer, et encore plus s'il est vrai qu'il y ait eu dans Jupiter des pays grands comme toute l'Europe embrasés. Embrasés ! s'écria la Marquise. Vraiment ce serait-là une nouvelle considérable ! Très considérable, répondis-je. On a vu dans Jupiter, il y a peut-être vingt ans, une longue lumière plus éclatante que le reste de la planète. Nous avons eu ici des déluges, mais rarement [1], peut-être que dans Jupiter ils ont, rarement aussi, de grands incendies, sans préjudice des déluges qui y sont communs. Mais quoi qu'il en soit, cette lumière de Jupiter n'est nullement comparable à une autre, qui selon les apparences, est aussi ancienne que le monde, et que l'on n'avait pourtant jamais vue. Comment une lumière fait-elle pour se cacher, dit-elle ? il faut pour cela une adresse singulière.

---

1. L'ironie de Fontenelle ne manque pas d'audace en cet endroit, tant cette allusion au déluge biblique est désinvolte.

Celle-là, repris-je, ne paraît que dans le temps des crépuscules, de sorte que le plus souvent ils sont assez longs et assez forts pour la couvrir, et que quand ils peuvent la laisser paraître, ou les vapeurs de l'horizon la dérobent, ou elle est si peu sensible, qu'à moins que d'être fort exact, on la prend pour les crépuscules mêmes. Mais enfin depuis trente ans on l'a démêlée sûrement, et elle a fait quelque temps les délices des astronomes, dont la curiosité avait besoin d'être réveillée par quelque chose d'une espèce nouvelle ; ils eussent eu beau découvrir de nouvelles planètes subalternes, ils n'en étaient presque plus touchés ; les deux dernières lunes de Saturne, par exemple, ne les ont pas charmés ni ravis, comme avaient fait les satellites ou les lunes de Jupiter ; on s'accoutume à tout. On voit donc un mois devant et après l'équinoxe de Mars, lorsque le Soleil est couché et le crépuscule fini, une certaine lumière blanchâtre qui ressemble à une queue de comète. On la voit avant le lever du soleil, et avant le crépuscule vers l'équinoxe de septembre, et on la voit soir et matin vers le solstice d'hiver ; hors de là elle ne peut, comme je viens de vous dire, se dégager des crépuscules, qui ont trop de force et de durée ; car on suppose qu'elle subsiste toujours, et l'apparence y est tout entière [1]. On commence à conjecturer qu'elle est produite par quelque grand amas de matière un peu épaisse qui environne le Soleil jusqu'à une certaine étendue ; la plupart de ses rayons percent cette enceinte, et viennent à nous en ligne droite, mais il y en a qui allant donner contre la surface intérieure de cette matière, en sont renvoyés vers nous et y arrivent lorsque les rayons directs, ou ne peuvent pas encore y arriver le matin, ou ne peuvent plus y arriver le soir. Comme ces rayons réfléchis partent de plus haut que les rayons directs, nous devons les avoir plus tôt, et les perdre plus tard.

Sur ce pied-là [2], je dois me dédire de ce que je vous avais dit, que la Lune ne devait point avoir de crépuscules, faute d'être environnée d'un air épais ainsi que la Terre. Elle n'y perdra rien, ses crépuscules lui viendront

---

1. Voir note 2, p. 90.
2. Étant donné cela.

de cette espèce d'air épais qui environne le Soleil, et qui en renvoie les rayons dans des lieux où ceux qui partent directement de lui ne peuvent aller. Mais ne voilà-t-il pas aussi, dit la Marquise, des crépuscules assurés pour toutes les planètes, qui n'auront pas besoin d'être enveloppées chacune d'un air grossier, puisque celui qui enveloppe le Soleil seul peut faire cet effet-là pour tout ce qu'il y a de planètes dans le tourbillon ? Je croirais assez volontiers que la nature, selon le penchant que je lui connais à l'économie, ne se serait servie que de ce seul moyen. Cependant, répliquai-je, malgré cette économie, il y aurait à l'égard de notre Terre deux causes de crépuscules, dont l'une, qui est l'air épais du Soleil, serait assez inutile, et ne pourrait être qu'un objet de curiosité pour les habitants de l'Observatoire ; mais il faut tout dire, il se peut qu'il n'y ait que la Terre qui pousse hors de soi des vapeurs et des exhalaisons assez grossières pour produire des crépuscules, et la nature aura eu raison de pourvoir par un moyen général aux besoins de toutes les autres planètes, qui seront pour ainsi dire, plus pures, et dont les évaporations seront plus subtiles. Nous sommes peut-être ceux d'entre tous les habitants des mondes de notre tourbillon, à qui il fallait donner à respirer l'air le plus grossier et le plus épais. Avec quel mépris nous regarderaient les habitants des autres planètes, s'ils savaient cela ?

Ils auraient tort, dit la Marquise, on n'est pas à mépriser pour être enveloppé d'un air épais, puisque le Soleil lui-même en a un qui l'enveloppe. Dites-moi, je vous prie, cet air n'est-il point produit par de certaines vapeurs que vous m'avez dites autrefois qui sortaient du Soleil [1], et ne sert-il point à rompre la première force des rayons, qui aurait peut-être été excessive ? Je conçois que le Soleil pourrait être naturellement voilé, pour être plus proportionné à nos usages. Voilà, Madame, répondis-je, un petit commencement de système que vous avez fait assez heureusement [2]. On y pourrait ajouter que ces vapeurs produiraient des espèces de pluies qui retomberaient dans le Soleil pour le rafraîchir, de la même

---

1. Sur ce tour, voir note 6, p. 63.
2. Avec adresse et de manière pertinente.

manière que l'on jette quelquefois de l'eau dans une forge dont le feu est trop ardent. Il n'y a rien qu'on ne doive présumer de l'adresse de la nature ; mais elle a une autre sorte d'adresse toute particulière pour se dérober à nous, et on ne doit pas s'assurer aisément d'avoir deviné sa manière d'agir, ni ses desseins. En fait de découvertes nouvelles, il ne se faut pas trop presser de raisonner [1], quoiqu'on en ait toujours assez d'envie, et les vrais philosophes sont comme les éléphants, qui en marchant ne posent jamais le second pied à terre, que [2] le premier n'y soit bien affermi. La comparaison me paraît d'autant plus juste, interrompit-elle, que le mérite de ces deux espèces, éléphants et philosophes, ne consiste nullement dans les agréments extérieurs. Je consens que nous imitions le jugement des uns et des autres ; apprenez-moi encore quelques-unes des dernières découvertes, et je vous promets de ne point faire de système précipité.

Je viens de vous dire, répondis-je, toutes les nouvelles que je sais du ciel, et je ne crois pas qu'il y en ait de plus fraîches. Je suis bien fâché qu'elles ne soient pas aussi surprenantes et aussi merveilleuses que quelques observations que je lisais l'autre jour dans un *Abrégé des Annales de la Chine*, écrit en latin [3]. On y voit des mille étoiles à la fois qui tombent du ciel dans la mer avec un grand fracas, ou qui se dissolvent, et s'en vont en pluie ; cela n'a pas été vu pour une fois à la Chine, j'ai trouvé cette observation en deux temps assez éloignés, sans compter une étoile qui s'en va crever vers l'Orient, comme une fusée, toujours avec grand bruit. Il est fâcheux que ces spectacles-là soient réservés pour la Chine, et que ces pays-ci n'en aient jamais eu leur part. Il n'y a pas longtemps que tous nos philosophes se croyaient fondés en expérience [4] pour soutenir que les cieux et tous les corps célestes étaient incorruptibles, et

---

1. « Apporter et alléguer des raisons » (Richelet, 1680).
2. Avant que.
3. Référence à la *Tabula chronologica ab anno ante Christum 2952 ad annum post Christum 1683* parue en appendice de l'ouvrage du jésuite belge Philippe Couplet, *Confucius sinarum philosophus sive scientia sinensis latine exposita* (Paris, 1687).
4. Autorisés par l'expérience.

incapables de changement [1], et pendant ce temps-là d'autres hommes à l'autre bout de la Terre voyaient des étoiles se dissoudre par milliers, cela est assez différent. Mais, dit-elle, n'ai-je pas toujours ouï dire que les Chinois étaient de si grands astronomes ? Il est vrai, repris-je, mais les Chinois y ont gagné à être séparés de nous par un long espace de terre, comme les Grecs et les Romains à en être séparés par une longue suite de siècles, tout éloignement est en droit de nous imposer [2]. En vérité, je crois toujours de plus en plus, qu'il y a un certain génie [3] qui n'a point encore été hors de notre Europe, ou qui du moins ne s'en est pas beaucoup éloigné. Peut-être qu'il ne lui est pas permis de se répandre dans une grande étendue de terre à la fois, et que quelque fatalité lui prescrit des bornes assez étroites. Jouissons-en tandis que nous le possédons ; ce qu'il a de meilleur, c'est qu'il ne se renferme pas dans les sciences et dans les spéculations sèches, il s'étend avec autant de succès jusqu'aux choses d'agrément, sur lesquelles je doute qu'aucun peuple nous égale. Ce sont celles-là, Madame, auxquelles il vous appartient de vous occuper, et qui doivent composer toute votre philosophie.

---

1. Allusion aux philosophes scolastiques qui s'appuyaient sur Aristote et en particulier sur les livres I et II de son traité *Du ciel*, où il était dit que le monde supralunaire est incorruptible, inengendré et immuable.
2. Tromper.
3. À la fois une disposition naturelle et un talent remarquable.

DOSSIER

1 — *La pluralité des mondes*

En prenant pour thème la pluralité des mondes, Fontenelle inscrit ses *Entretiens* dans toute une série de textes du XVIIᵉ siècle s'efforçant de prouver que la Lune, voire toutes les planètes, peuvent être habitées. Si ces ouvrages sont de natures très diverses (essais plus ou moins scientifiques, dialogues ou traités philosophiques, voyages imaginaires, fictions romanesques ou théâtrales) tous ont en commun de préciser avec soin que ces habitants ne sont pas des hommes. Où l'on peut voir aussi bien le signe d'une prudence intellectuelle qu'une précaution élémentaire à l'égard des théologiens...

GALILEO GALILÉE,
DIALOGUE DES DEUX GRANDS SYSTÈMES DU MONDE

La condamnation de Galilée, en 1633, n'empêche pas ses idées de se répandre dans toute l'Europe. Et son livre fameux *Dialogo dei massimi sistemi* (1632) a sans doute exercé une influence non négligeable sur Fontenelle. Il suffit pour s'en convaincre de citer le passage où Galilée aborde le problème d'une possible vie dans la Lune et dans les autres planètes :

SAGREDO. – Peut-il naître dans la Lune ou dans toute planète des herbes, des plantes, ou des animaux semblables aux nôtres ? S'y produit-il, comme autour de la terre, des pluies, des vents, des orages ? Je l'ignore et ne le crois

pas ; et encore moins croirai-je qu'elle est habitée par des hommes. Mais qu'il ne s'y trouve
pas de choses semblables à celles de la terre
n'oblige pas, selon moi, à conclure qu'aucune
altération ne doive s'y produire, qu'il ne puisse
s'y engendrer, s'y transformer et s'y dissoudre
d'autres choses non seulement différentes des
nôtres, mais très éloignées de tout ce que nous
pouvons imaginer et en somme, pour nous,
impensables. Je suis sûr qu'un être humain né
et nourri dans une vaste forêt, parmi les bêtes
sauvages et les oiseaux, et qui n'aurait aucune
connaissance de l'élément liquide, n'imagine-
rait jamais qu'il pût exister dans la nature un
monde différent de la terre, rempli d'animaux
se déplaçant avec rapidité sans jambes ni ailes,
et non seulement à la surface, comme les bêtes
sauvages sur la terre, mais dans toute la profondeur de leur élément, et qui non seulement
s'y déplaceraient mais pourraient à leur gré s'y
tenir immobiles, ce que ne peuvent faire les
oiseaux dans l'air ; et que, dans ce monde-là,
il y eût aussi des hommes, qu'on y construisît
des palais, des cités, qu'on y trouvât toute facilité de voyager, qu'on y eût un chemin pour se
rendre sans fatigue avec sa famille, sa maison,
avec une ville entière, aux pays les plus loin-
tains ; je suis sûr, dis-je, qu'un tel homme, fût-
il doué de l'imagination la plus perspicace, ne
pourrait jamais se représenter les poissons,
l'océan, les navires, les flottes, les armées de
mer*. Or, à bien plus forte raison, se peut-il que
dans la Lune, si éloignée de nous et faite d'une
matière peut-être si différente de la terre, il y
ait des substances et se produisent des opéra-
tions non seulement éloignées de ce que nous
imaginons mais tout à fait étrangères à notre
imagination, sans ressemblance avec rien de ce
que nous pouvons connaître et donc proprement inconcevables car ce que nous imaginons,
il faut que nous l'ayons déjà vu, ou que ce soit
un composé d'objets et de partie d'objets déjà
vus, comme le sont les sphinx, les sirènes, les
chimères, les centaures, etc.**.

* *Ce raisonnement
analogique n'est pas
sans rapport avec
celui dont Fontenelle
fait usage dans le
Second Soir, p. 95-
96.*
** *Les premières
lignes du Quatrième
Soir se fondent sur
une critique tout à
fait comparable de
l'imagination et de
ses limites : « Les
songes ne furent
point heureux, ils
représentèrent
toujours quelque
chose qui ressemblai
à ce que l'on voit
ici » (p. 121).*

SALVIATI. – J'ai souvent rêvé à ce que vous
dites là et, finalement, il me semble que si je
puis trouver des choses qui n'existent pas et ne
peuvent exister dans la Lune, en revanche, je
crois impossible d'imaginer ce qui peut y exister, sinon en m'en tenant aux plus vagues géné-
ralités : j'entends par là qu'il doit y avoir des
beautés, des modes d'action, de mouvement et
de vie tout à fait différents de ceux que nous
connaissons•, des êtres susceptibles de voir,
d'admirer la grandeur et la beauté du monde,
de célébrer et de chanter la gloire du Créateur,
et en somme (à mon sens) d'accomplir ce que
les Saintes Écritures affirment si souvent
devoir être l'occupation de toutes les créatures,
à savoir de louer Dieu [1].

JOHANN KEPLER,
LE SONGE OU ASTRONOMIE LUNAIRE

Le Songe de Kepler (1571-1630), écrit en
latin au début du XVIIe siècle, parut pour
la première fois de manière posthume à
Francfort en 1634. Ce voyage imaginaire
présente la particularité de mêler très
étroitement le souci de l'exactitude scientifique (Kepler fut le plus remarquable des
disciples de Copernic) à la fantaisie la plus
débridée. Cet étrange composé ne dut pas
déplaire à Fontenelle, et les *Entretiens* font
allusion au moins deux fois au *Songe* de
Kepler (voir notes 1 p. 105 et 1, p. 109).
L'ouvrage se compose de trois parties : le
récit proprement dit, une longue série de
notes et enfin un « Appendice sélénographique » dont les lignes suivantes sont
extraites :

Si vous vous transportez mentalement vers les
villes de la Lune, je vous prouverai que je les

« [L'imagination]
peut aller plus
~in que les yeux. On
~ut seulement
~ercevoir d'une
~rtaine vue
~iverselle la
~versité que la
~ature doit avoir
~ise entre tous ces
~ondes » (p. 114).

1. Galileo Galilée, *Dialogue des deux grands systèmes du monde*
(1632), trad. de l'italien par P.-H. Michel, éd. Hermann, 1966.

vois. Les cavités de la Lune, que Galilée fut le premier à remarquer, ont le plus souvent l'apparence des taches ; ce sont, comme je le démontre, des dépressions dans la surface plane du sol, comme les mers chez nous. Mais d'après la forme des cavités, je conclus que ce sont plutôt des zones marécageuses. C'est là que les Endymionides* fixent en général l'emplacement de leurs villes, ils veulent se protéger de l'humidité et des moisissures autant que de l'ardeur du soleil, et peut-être aussi des ennemis. Voici comment ils procèdent pour construire leurs fortifications : ils plantent un pieu au centre de l'espace qu'ils veulent fortifier ; ils attachent à ce pieu des cordes, longues ou courtes, selon la taille de la future cité ; les plus longues que j'ai trouvées ont cinq milles allemands de longueur [1]. Quand la corde est attachée au pieu, ils font avec elles le tour de la future enceinte qui est marquée par l'extrémité des cordes. Alors tout le peuple s'assemble pour élever le rempart. La largeur de la tranchée n'est pas inférieure à un mille allemand. Dans certaines villes, toute la terre qu'ils ont enlevée est rejetée à l'intérieur ; dans d'autres, ils la rejettent en partie à l'intérieur et en partie à l'extérieur, si bien qu'il y a un double rempart et entre les deux remparts une fosse très profonde. Les remparts reviennent exactement à leur point de départ, comme si un compas les avait faits parfaitement circulaires. Ce résultat est obtenu en attachant au pieu central des cordes qui ont toutes exactement la même longueur. De cette façon, la tranchée n'est pas seulement creusée à une très grande profondeur, le centre de la ville paraît également s'enfoncer dans un trou, comme un nombril au centre d'un ventre rebondi, et la terre retirée de la tranchée a été accumulée tout

* *Dans la mythologi*
grecque, Endymion,
roi d'Élis, était un
beau jeune homme
particulièrement aim
de Séléné (la Lune).
Les Endymionides
sont ses descendants
les habitants de la
Lune.

1. Unité de mesure dont la conversion est assez complexe : le « petit » mille allemand valait 20 000 pieds romains, soit environ 6 km ; le « moyen » en valait 22 500, soit environ 6,75 km ; le « grand » équivalait à 25 000 pieds romains, soit 7,5 km. La longueur de ces cordes est donc censée se situer entre 30 et 38 km.

autour et s'élève en hauteur. En effet si l'on voulait aussi remplir le centre de terre, on aurait une trop grande distance à parcourir entre la tranchée et le centre. Toute l'humidité de la plaine marécageuse se concentre dans cette tranchée et tout l'intérieur est ainsi asséché. La tranchée est navigable quand elle est remplie d'eau, quand elle est à sec, on peut y circuler à pied. La violence du soleil se fait sentir partout. Les habitants se réfugient vers la partie de la tranchée circulaire qui est à l'ombre du rempart extérieur•. Ceux qui sont au centre et au-delà vont dans la partie de la fosse opposée au soleil et profitent de l'ombre du rempart intérieur. C'est ce qu'ils font pendant les quinze jours où le soleil ne cesse de brûler cet endroit. Ils suivent l'ombre comme des péripatéticiens (au sens propre du terme [1]) et supportent ainsi la chaleur [2].

• *Que sait-on si les habitants de la Lune incommodés par l'ardeur perpétuelle du Soleil ne se réfugient point dans ces grands puits [que la nature a creusés] ? Ils n'habitent peut-être point ailleurs, c'est là qu'ils bâtissent leurs villes »* (p. 109).

JOHN WILKINS, *LE MONDE DANS LA LUNE*

Cet ouvrage que John Wilkins publia à Londres en 1638 (et qui fut traduit à Rouen en 1655) a parfois été considéré comme la source principale des *Entretiens* de Fontenelle [3]. Ce dernier a pu y puiser un certain nombre d'idées mais la naïveté de l'argumentation et l'érudition parfois envahissante de l'évêque de Chester ne lui ont certainement pas servi de modèle...

Qu'il y a bien de l'apparence qu'en ce monde-là il y a des habitants : mais qu'on ne peut pas dire avec certitude de quelle espèce ils sont.

---

1. Du grec *peripatein* : « se promener ». (Au sens figuré, les « péripatéticiens » sont les disciples d'Aristote, en raison de l'habitude qu'aurait eu ce dernier de philosopher en marchant.)
2. Johann Kepler, *Le Songe ou Astronomie lunaire* (1634), trad. du latin par Michèle Ducos, Presses Universitaires de Nancy, 1984.
3. C'est notamment le cas de Robert Shackleton dans son édition critique des *Entretiens* (Oxford, 1955).

[...] Nous pouvons conjecturer en général qu'il y a des habitants dans cette planète-là [*i. e.* la Lune] : car autrement, pourquoi la nature aurait-elle fourni ce lieu-là de toutes commodités propres pour l'habitation, comme nous l'avons déclaré ci-dessus ?

Mais peut-être que vous direz : n'y a-t-il point là une trop grande et trop insupportable chaleur, puisque le soleil est en leur zénith tous les mois, et y tarde par un si long espace de temps avant que de le quitter ?

Je réponds, premièrement, que là, par aventure (aussi bien que sous la ligne [1]), la fréquence des ondées de pluie qui y tombent sur le milieu du jour, et les nuées qui ombragent le soleil et rafraîchissent leur terre, peuvent remédier à cela. Secondement, que l'égalité de leurs nuits tempère beaucoup le hâle du jour ; et que l'extrême froidure qui procède de celle-là, requiert quelques espaces de temps avant qu'elle puisse être déchassée par celui-ci : tellement que la chaleur employant beaucoup de temps avant qu'elle puisse obtenir la victoire, n'en a pas puis après beaucoup [2] pour exercer son ardeur et ses ravages. C'est pourquoi nonobstant ce doute, ce lieu-là peut être habitable.

[...] La conjecture de Campanella[*] pourra être la plus vraisemblable, à savoir que les habitants de ce monde-là ne sont point hommes comme nous, mais quelque autre espèce de créatures qui ont quelque proportion et ressemblance avec notre nature. Ou bien qu'il se peut faire qu'ils sont d'une nature toute différente des autres choses d'ici-bas, et telle que nulle imagination ne peut décrire : nos entendements n'étant capables que des choses qui sont entrées par nos sens : ou bien qu'ils sont d'une nature mixte composée de toutes. Or il peut y avoir beaucoup d'autres sortes de créatures outre celles qui sont déjà connues dans le monde. Il y a un grand

[*] *Philosophe italien, Tommaso Campanella (1568-1639) est un disciple de Galilée, et l'auteur d'une* Apologia pro Galileo *(1622).*

---

1. Sous l'équateur.
2. N'a ensuite plus beaucoup de chaleur.

abîme entre la nature des hommes et celle des anges. Il se peut faire que les habitants des planètes sont d'une nature mitoyenne entre ces deux. Il n'est pas incroyable que Dieu n'en ait créé de toutes sortes, afin de se glorifier plus complètement ès [1] œuvres de sa puissance et de sa sagesse [2].

Dossier

CYRANO DE BERGERAC, L'AUTRE MONDE OU LES ÉTATS ET EMPIRES DE LA LUNE

———

La fantaisie et le scepticisme épicurien de Cyrano de Bergerac (1620-1655) furent assurément, pour Fontenelle, des modèles plus déterminants que l'œuvre de Wilkins, et les *Entretiens* offrent de nombreux échos aux premières pages du célèbre voyage imaginaire, *L'Autre Monde...*, publié un an après la mort de son auteur.

La lune était en son plein, le ciel était découvert et neuf heures au soir étaient sonnées lorsque nous revenions d'une maison proche de Paris, quatre de mes amis et moi•.

• *« La Lune était levée, il y avait peut-être une heure [...]. Il n'y avait pas un nuage qui dérobât ou qui obscurcît la moindre étoile [...]. Ce spectacle me fit rêver »* (p. 59).

Les diverses pensées que nous donna la vue de cette boule de safran nous défrayèrent [3] sur le chemin ; les yeux noyés dans ce grand astre, tantôt l'un le prenait pour une lucarne du ciel par où l'on entrevoyait la gloire des bienheureux, tantôt l'autre protestait que c'était la platine où Diane dresse les rabats

———

1. Dans les.
2. John Wilkins, *Le Monde dans la lune. Divisé en deux livres, le premier prouvant que la lune peut être un monde, le second que la terre peut être une planète*, 1638 (trad. française de La Montagne, 1655).
3. Firent le sujet de notre conversation.

d'Apollon [1], tantôt un autre s'écriait que ce pourrait bien être le soleil même qui s'étant au soir dépouillé de ses rayons, regardait par un trou ce qu'on faisait au monde quand il n'y était plus : moi, dis-je, qui souhaite mêler mes enthousiasmes aux vôtres, je crois sans m'amuser aux imaginations pointues [2] dont vous chatouillez le temps pour le faire marcher plus vite, que la Lune est un monde comme celui-ci à qui le nôtre sert de lune. La compagnie me régala d'un grand éclat de rire. « Ainsi peut-être, leur dis-je, se moque-t-on maintenant dans la Lune de quelque autre qui soutient que ce globe-ci est un monde », mais j'eus beau alléguer que Pythagore, Épicure, Démocrite* et, de notre âge, Copernic et Kepler avaient été de cette opinion, je ne les obligeai qu'à s'égosiller de plus belle.

De retour chez lui, le narrateur fait une première tentative d'ascension dans la Lune grâce à des fioles de rosée. Mais il ne parvient qu'à atterrir au Canada. Le vice-roi le reçoit amicalement chez lui. S'engage alors une conversation ayant pour objet les systèmes opposés de Ptolémée et de Copernic, c'est-à-dire en somme un nouveau « dialogue sur les deux grands systèmes du monde » pour reprendre le titre de l'œuvre de Galilée :

[...] Monsieur de Montmagie me dit qu'il s'étonnait fort, vu que le système de Ptolémée était si peu probable, qu'il eût été si généralement reçu.

• *Pythagore, savant et philosophe grec du VIᵉ siècle av. J.-C., célèbre notamment pour sa théorie des nombres, qui, appliquée à l'astronomie, avait conduit les pythagoriciens à faire de la terre l'un des dix corps célestes faisant leur révolution autour d'un feu central. Épicure (341-271 av. J.-C.) et Démocrite (460-357 ? av. J.-C.) étaient des partisans de l'atomisme, doctrine selon laquelle les mondes sont nés d'une collision d'atomes due au hasard, provoquant un mouvement de tourbillon où les atomes s'attachent les uns aux autres.*

---

1. Selon la définition de Furetière, la platine est un « ustensile de ménage qui sert à étendre, à sécher et à dresser le menu linge. Les rabats [grands cols rabattus portés autrefois par les hommes], les cravates empesées se sèchent sur la platine. La platine est faite d'un rond de cuivre jaune fort poli. » Cette métaphore est donc typiquement burlesque puisqu'elle embourgeoise deux divinités, Diane et Apollon. Rappelons que Diane était assimilée par les Romains à Artémis, déesse de la Lune et sœur jumelle d'Apollon, dieu du Soleil.

2. Sans me livrer à l'art de la « pointe », au jeu d'esprit.

« Monsieur, lui répondis-je, la plupart des hommes, qui ne jugent que par les sens, se sont laissés persuader à [1] leurs yeux, et de même que celui dont le vaisseau navigue terre à terre croit demeurer immobile et que le rivage chemine, ainsi les hommes tournant avec la terre autour du ciel, ont cru que c'était le ciel lui-même qui tournait autour d'eux•. Ajoutez à cela l'orgueil insupportable des humains qui leur persuade que la nature n'a été faite que pour eux••, comme s'il était vraisemblable que le soleil, un grand corps quatre cent trente-quatre fois plus vaste que la terre, n'eût été allumé que pour mûrir ses nèfles et pommer ses choux [2]. Quant à moi, bien loin de consentir à l'insolence de ces brutaux, je crois que les planètes sont des mondes autour du soleil, et que les étoiles fixes sont aussi des soleils qui ont des planètes autour d'eux, c'est-à-dire des mondes que nous ne voyons pas d'ici à cause de leur petitesse, et parce que la lumière empruntée ne saurait venir jusques à nous ; car comment, en bonne foi, s'imaginer que ces globes si spacieux ne soient que de grandes campagnes désertes et que le nôtre, à cause que nous y rampons pour une douzaine de glorieux coquins, ait été bâti pour commander à tous ? Quoi, parce que le soleil compasse [3] nos jours et nos années, est-ce à dire pour cela qu'il n'ait été construit qu'afin que nous ne cognions pas de la tête contre les murs ? Non, non, si ce dieu visible éclaire l'homme, c'est par accident, comme le flambeau du roi éclaire par accident au crocheteur qui passe par la rue. – Mais, me dit-il, si comme vous assurez les étoiles fixes sont autant de soleils•••, on pourrait conclure de là que le monde serait infini, puisqu'il est vraisemblable que les peuples de ces mondes qui sont autour d'une étoile fixe que vous prenez pour un soleil, découvrent au-dessus d'eux d'autres étoiles

Marginal notes:

« ... c'est la même chose que si vous vous endormiez dans un bateau qui allât sur la rivière, vous vous retrouveriez à votre réveil dans la même place et dans la même situation à l'égard de toutes les parties du bateau » (p. 72).

• « Notre folie à nous autres est de croire aussi que toute la nature, sans exception, est destinée à nos usages » (p. 67).

•• On remarquera que cette formule est le titre même du cinquième Soir des Entretiens.

1. Par.
2. C'est-à-dire faire mûrir ses nèfles et faire pommer [= pousser] ses choux. L'infinitif a ici une valeur factitive.
3. Mesure.

fixes que nous ne saurions apercevoir d'ici, et qu'il en va éternellement de cette sorte. »

– N'en doutez point, lui répliquai-je, comme Dieu a pu faire l'âme immortelle, il a pu faire le monde infini, s'il est vrai que l'éternité n'est rien autre chose qu'une durée sans bornes et l'infini une étendue sans limites. Et puis Dieu serait fini lui-même, supposé que le monde ne fût pas infini, puisqu'il ne pourrait pas être où il n'y aurait rien, et qu'il ne pourrait accroître la grandeur du monde qu'il n'ajoutât quelque chose à sa propre étendue, commençant d'être où il n'était pas auparavant• ; il faut donc croire que comme nous voyons d'ici Saturne, et Jupiter, si nous étions dans l'un ou dans l'autre nous découvririons beaucoup de mondes que nous n'apercevons pas d'ici, et que l'univers est éternellement construit de cette sorte [1].

• *On retrouve ici l'un des arguments utilisés traditionnellement par les déistes au XVIIe siècle.*

PIERRE BOREL,
*DISCOURS NOUVEAU
PROUVANT LA PLURALITÉ DES MONDES...*

Ce traité publié à Genève en 1657 est composé de courts chapitres dont chacun s'attache à apporter un nouvel argument en faveur de la croyance en une pluralité des mondes. Cette argumentation est pour le moins composite : raisonnements par analogie, perspectives finalistes, interprétations symboliques de passages de la Bible se succèdent sans beaucoup d'ordre. Mais le premier des arguments de Pierre Borel n'est pas sans évoquer certains moments des *Entretiens* :

Tous les philosophes et astrologues demeurent d'accord que la Terre et la Lune ont cela de commun, qu'elles sont toutes deux des corps opaques, solides, et capables de recevoir et

1. Cyrano de Bergerac, *L'Autre Monde ou les États et Empires de la Lune*, 1657.

refléter la lumière du soleil, cela étant accordé qu'y a-t-il de plus aisé que de conclure que la terre réverbérant les rayons du soleil paraîtrait lumineuse à ceux qui seraient haut élevés vers les cieux, qu'elle semblerait si petite par son éloignement de nous qu'elle serait presque semblable à la Lune, et en lumière, et en grandeur, et que même elle aurait ses taches, à cause des eaux qui ensevelissent, et qui étouffent les rayons du soleil, et ne les réverbèrent point, les lunettes d'approche nous y feraient même découvrir quelques vues des principales montagnes, ce qui nous obligerait à croire que ces mers et ces montagnes ne sont pas inhabitées et dépeuplées d'animaux•.

Et si nous tournons la médaille, ne dirons-nous pas le même de la Lune, dans laquelle nous découvrons des taches, que les lunettes de Galilée nous font distinguer si naïvement [1], que nous y voyons presque comme en un tableau, des mers et des détroits, des lacs, des rivières, et des îles, des rochers et des montagnes••, qu'on aperçoit protubérer en dehors principalement lorsque la Lune est nouvelle.

Si cela est véritable, de la Lune, ne le peut-il pas être des autres astres•••, mais leur éloignement dérobant à nos yeux leurs taches nous en devons juger par la Lune, qui quoique plus petite est plus proche de nous et nous paraît plus grande, et afin qu'on ne doute pas que les mêmes choses qu'on voit en la Lune ne paraissent en d'autres étoiles, le télescope nous fait voir une montagne dans Mars, des taches ès [2] autres étoiles, et que Vénus fait son plein, et diminue comme la Lune [3].

« ... s'il faut que la [Lu]ne ressemble en [to]ut à la Terre, vous [vo]ilà dans [l'o]bligation de croire [la] Lune habitée » (p. 82).

« Je conçois bien [qu']on peut découvrir [su]r la Lune des [m]ontagnes et des [ab]îmes, cela se [re]connaît [ap]paremment à des [in]égalités [re]marquables ; mais [co]mment distinguer [le]s terres et des [m]ers ? » (p. 89).

• « La Lune, selon [to]utes les [ap]parences, est [ha]bitée, pourquoi [Vé]nus ne le sera-[t-e]lle pas aussi ? » [(p]. 111).

---

1. Nettement ou naturellement.
2. Voir note 1, p. 183.
3. Pierre Borel, *Discours nouveau prouvant la pluralité des mondes, que les astres sont des terres habitées, et la terre une étoile, qu'elle est hors du centre du monde dans le troisième ciel ; et se tourne devant le soleil qui est fixe, et autres choses très curieuses*, 1657 (Chapitre I, prouvant la pluralité des mondes, par une raison tirée de la conformité de la Lune avec la Terre).

FRANÇOIS BERNIER,
ABRÉGÉ DE LA PHILOSOPHIE DE GASSENDI

François Bernier (1620-1688) fut l'élève et l'ami de Gassendi•. Dans un chapitre intitulé « Le ciel et les astres sont habitables », François Bernier développe une argumentation dont la prudence témoigne aussi bien d'une philosophie sceptique que du souci de ménager la susceptibilité des théologiens. On retrouve cette même ambiguïté dans la préface des *Entretiens*.

• *Gassendi (1592-1655), professeur de mathématiques au Collège royal, théoricien du scepticisme et de l'épicurisme, et adversaire de Descartes.*

Plutarque remarque fort judicieusement que plusieurs choses se disent les unes en riant, et les autres sérieusement sur ce sujet••, et que ceux qui y ajoutent trop de foi sont autant blâmables que ceux qui n'y croient point du tout•••. C'est pourquoi pour demeurer dans les termes de quelque vraisemblance, nous estimons qu'encore qu'on puisse probablement croire qu'il s'engendre, et se corrompe diverses choses dans les astres, l'on ne peut néanmoins pas croire avec la même probabilité que ces choses soient semblables à celles qui s'engendrent, et se corrompent ici dans la terre ; en sorte que ce soient les mêmes animaux, et qu'entre ces animaux il y ait des hommes, et qu'ainsi il soit vrai de dire que les astres soient habités par des animaux, et spécialement par des hommes.

•• *Référence au traité de Plutarque (v.46-v.120), Du visage qui apparaît dans la Lune, qui est une spéculation sur le cosmos.*
••• *« ... il faut ne donner que la moitié de son esprit aux choses de cette espèce que l'on croit... » (p. 101).*

Car si à l'égard de ce globe terrestre que nous habitons, il est vrai de dire que toute la terre ne produit pas toute chose, *non omnis fert omnia tellus* ; et si nous voyons effectivement que les choses qui naissent dans l'Europe, dans l'Afrique, et dans l'Amérique sont entièrement différentes les unes des autres, il est croyable que celles qui naîtraient dans la Lune, seraient encore davantage différentes de celles qui naissent ici•••• ; puisque la Lune est si fort éloignée de la Terre, et d'une température si différente. En effet, excepté l'homme qui par son esprit, et par son industrie a trouvé moyen de se

•••• *« voyez comme la face de la nature est changée d'ici à la Chine [...]. D'ici à la Lune le changement doit être bien plus considérable (p. 93).*

répandre, et de se multiplier par toute la terre, quelle diversité ne remarque-t-on point dans tout le reste, dans les animaux à quatre pieds, dans les oiseaux, dans les poissons, dans les insectes, dans les herbes, dans les fruits, et dans les arbres si l'on regarde ce qui naît chez nous, chez les Mexicains, dans les zones froides, dans les tempérées, et sous la ligne dans la zone torride ? Il est donc fort vraisemblable qu'entre les choses qui naissent dans la Lune, s'il y en naît quelques-unes, et celles qui naissent ici-bas, il y a une variété, et une diversité incompréhensible.

[...]

Or ce que je dis de la Lune à l'égard de cette diversité de nature, se doit à plus forte raison entendre des autres astres• ; en ce qu'étant plus différents de la Terre quant à leur situation que n'est la Lune, ils en doivent aussi être plus différents quant à sa substance, et quant aux propriétés et accidents.

[...]

Je ne m'arrêterai pas sur ce que disent quelques-uns, que s'il naissait, et périssait quelques natures dans les astres, ce devrait donc être des hommes, d'où suivraient donc ces inconvénients que quelques poètes objectèrent autrefois à ceux qui admettaient les Antipodes ; car, comme nous avons montré que ces natures devraient être toutes différentes des nôtres, il est visible que cette objection ne nous doit point arrêter•• : mais de qui se pourrait objecter, et sur quoi quelques-uns font grande instance est, que ces natures seraient en vain, parce qu'elles ne serviraient en rien aux hommes pour lesquels néanmoins Dieu a créé tout ce qui est au monde.

Mais certes il est fort à craindre que notre amour-propre ne nous inspire ce sentiment, qu'il ne nous porte dans l'excès, et que ce ne soit se flatter de trop de mérite que de croire que Dieu n'ait rien fait que pour nous, en sorte que si nous pensons quelque chose qui n'ait rien de commun avec nous, et qui ne nous serve pas, ou ne semble pas être destiné pour

• « Apparemment les différences augmentent à mesure que l'on s'éloigne, et qui verrait un habitant de la Lune et un habitant de la Terre remarquerait bien qu'ils seraient de deux mondes plus voisins qu'un habitant de la Terre et un habitant de Saturne » (p. 115).

•• L'argument est repris par Fontenelle dans sa préface.

Dossier

nous, nous présumions incontinent que cette chose est en vain ou n'est point dans la nature*. [...]

• *Voir p. 67.*

Combien naît-il, et y a-t-il de météores, de minéraux, de plantes, d'animaux dans les déserts, sur la terre, dans la terre, dans le fond de la mer, qui ne regardent aucunement les hommes, et qui ne parviennent pas même à leur connaissance** ? Toutes ces choses sont-elles donc en vain, et Dieu veut-il qu'elles soient au hasard sans dessein, et sans aucune fin qu'il ait connue quoique nous ne la connaissions pas ? Que si nous n'osons pas être assez hardis, et assez impies pour dire cela ; pourquoi oserons-nous croire que Dieu n'ait pu créer des astres dans lesquels il naisse, et périsse des natures comme il en naît et périt dans la terre, que ces natures ne nous regardent, ni ne nous soient non plus connues que tant d'autres qui s'engendrent et se corrompent dans la terre sans que nous en ayons la connaissance, et que Dieu cependant en tire sa gloire, quoique nous ignorions la fin précise pour laquelle il les a créées ?

** *« ...la nature a si libéralement répandu les animaux [sur la Terre] qu'elle ne s'est pas mise en peine que l'on en vît seulement la moitié »* (p. 114).

Au reste, pour finir par où nous avons commencé, puisque nous ne savons que par de faibles conjectures ce qui se passe, ce qui s'engendre, et ce qui se corrompt dans les astres, souvenons-nous de n'imiter point ceux qui en partie par divertissement, et en partie sérieusement décrivent l'état, la forme, le vivre, et les mœurs des habitants de la Lune, et des autres globes, de même que nous pourrions présentement faire à l'égard des Américains, jusques auxquels notre industrie nous a enfin portés et fait pénétrer [1].

1. François Bernier, *Abrégé de la philosophie de Gassendi*, t. IV, 1674.

Deux ans avant la première édition des *Entretiens*, le 5 mars 1684, les acteurs du Théâtre-Italien créèrent une comédie de Fatouville• prenant pour point de départ le thème de la lune comme monde habité, ou du moins habitable. C'est dire à quel point cette hypothèse était largement répandue lorsque Fontenelle entreprit la rédaction de son texte. Voici la scène d'exposition (le théâtre représente un jardin, au fond duquel on voit une grande lunette d'approche montée sur son pied) :

• *Nolant de Fatouville, dit Fatouville (mort vers 1700) composa pour le Théâtre-Italien de nombreuses petites comédies (parodies littéraires et mythologiques) et on lui attribue* La Fausse Prude *qui entraîna le bannissement des Comédiens Italiens du royaume (en 1697).*

Dossier

LE DOCTEUR, PIERROT

LE DOCTEUR. – *E' possibile, Pierrot, che tu non voglia chetarti* [1] ? Tais-toi, je t'en prie.

PIERROT. – Mais, Monsieur, comment voulez-vous que je me taise ? Je n'ai pas un moment de repos. Tant que la journée dure, il faut que je travaille après votre fille, votre nièce, et votre servante ; et à peine la nuit est-elle venue, qu'il faut que je travaille après vous. Dès que je suis couché, vous commencez d'abord votre carillon : Pierrot, Pierrot, lève-toi vite, allume de la chandelle, et me donne ma lunette à longue vue, je veux aller observer les astres ; et vous voulez me faire accroire que la Lune est un monde comme le nôtre. La Lune ! par la jereniblleu ! J'enrage.

LE DOCTEUR. – Pierrot, *encor una volta, taci. Ti bastonaro* [2].

PIERROT. – Parbleu, Monsieur, quand vous devriez me tuer, il faut que je débagoule mon cœur. Je ne serai pas assez sot pour convenir que la Lune soit un monde ; la Lune morbleu qui n'est pas plus grande qu'une omelette de huit œufs.

---

1. Est-il possible, Pierrot, que tu ne veuilles pas te taire ?
2. Pierrot, encore une fois, tais-toi. Je vais te donner du bâton.

LE DOCTEUR. – *Che impertinente* [1] ! Si tu avais tant soit peu d'entendement, j'entrerais en raison avec toi ; *Ma tu sei una bestia, un ignorante, un animale che non sa dove s'habbia la testa se non se la tocca ; e pero chiudi la bocca* [2], et tais-toi encore une fois, tu feras mieux.

PIERROT, *se dépitant.* – Ma foi, je m'y ferais hacher.

LE DOCTEUR. – *La mia patienza fa miracoli* [3]. Essayons cependant, s'il est possible de le tirer de cet entêtement. *Ascolta animale* [4]. As-tu jamais remarqué ces certains nuages qu'on voit autour de la Lune, ces...

PIERROT. – J'entends bien, c'est-à-dire l'ornement de l'omelette.

LE DOCTEUR. – L'ornement du diable qui t'emporte. Tais-toi *in malhora*, et ne songe plus à l'omelette. Ces nuages donc qu'on remarque autour de la Lune, s'appellent les crépuscules. Or voici comme j'argumente.

PIERROT. – Voyons.

LE DOCTEUR. – S'il y a des crépuscules dans la Lune, *bisogna ch'a vi sta una generation, et una corrution ; e s'al ghé una corrution, et una generation, bisogna ch'a ve nasca dei animali, e dei vegetabili ; e s'al ghe nasce dei animali, e dei vegetabili, ergo la luna è un mondo abitabile com'al nostro* [5].

PIERROT. – *Ergo* tant qu'il vous plaira. Pour ce qui est de moi, *nego* [6] ; et voici comme je vous le prouve. Vous dites qu'il y a dans la Lune les tres... cus... tres... pus, les trois pousseculs.

---

1. Quel sot !
2. Mais tu es une bête, un ignorant, un animal qui ne sait pas où se trouve sa tête quand il ne la touche pas ; alors ferme la bouche.
3. Ma patience tient du miracle.
4. Écoute animal.
5. Cela signifie qu'il y a une génération et une corruption ; et s'il y a une corruption et une génération, cela signifie qu'il y a des animaux et des végétaux qui y naissent ; et s'il y naît des animaux et des végétaux, *ergo* [en latin : donc] la lune est un monde habitable comme le nôtre.
6. Je nie (latin).

LE DOCTEUR. – *Crepuscoli*, et non pas pous-
seculs, bête.
PIERROT. – Enfin les trois... vous m'entendez
bien ; et que s'il y a les trois puscuscules, il faut
qu'il y ait une génération, et une corruption ?
LE DOCTEUR. – *Certissimo* [1].
PIERROT. – Ho voici ce que dit Pierrot.
LE DOCTEUR. – *Vedemo* [2].
PIERROT. – S'il y a une génération, et une cor-
ruption dans la Lune, il faut qu'il y naisse des
vers : or serait-il que la Lune serait verreuse ?
Hé ! entendez-vous ? Il n'y a mordi point de
réplique à cela.
LE DOCTEUR, *en riant*. – Ho non, assurément.
Et dis-moi, Pierrot, *in questo nostro mondo* [3], y
naît-il des vers ?
PIERROT. – Oui, Monsieur.
LE DOCTEUR. – S'ensuit-il pour cela *ch'il nos-
tro mondo sia veroso* [4] ?
PIERROT. *Après avoir tant soit peu rêvé.* – Il y
a quelque raison à cela [5].

CHRISTIAN HUYGENS,
LA PLURALITÉ DES MONDES

Le succès des *Entretiens* fut tel qu'il
entraîna la publication d'ouvrages plus ou
moins apparentés à celui de Fontenelle,
dans l'espoir qu'ils se vendent aussi bien.
C'est ainsi qu'en 1702 fut traduit en français un ouvrage du savant hollandais Christian Huygens (1629-1695), intitulé *Kos-
motheoros, sive de terris cœlestibus
earumque ornatu conjecturæ* [6] et publié
pour la première fois à La Haye en 1698.
La traduction française fut dotée d'un titre

---

1. Assurément.
2. Voyons.
3. Dans notre monde.
4. Que notre monde soit verreux ?
5. Fatouville, *Arlequin, empereur dans la Lune* (1684).
6. Littéralement : « Le Spectateur de l'univers ou Hypothèses
sur les mondes célestes et sur leur mouvement. »

rappelant celui de Fontenelle, et d'une approbation signée de ce même Fontenelle... Dans certaines éditions des *Entretiens*, on pouvait lire cette publicité de libraire : « ... on peut ajouter à cette lecture celle du nouveau *Traité de la pluralité des mondes* composé par M. Huygens, célèbre mathématicien, qui fera sans doute plaisir au lecteur. »

Chapitre VIII : Où l'on prouve qu'il y a des hommes qui habitent les planètes...

[...] Je crois qu'il n'y a personne, pour le peu qu'il ait réfléchi à cette matière, qui ait douté qu'il ne fallût placer sur la lune quelques spectateurs, non pas peut-être des hommes semblables à nous, mais pourtant des animaux qui eussent l'usage de la raison ; c'est-à-dire qu'il paraît, que tel que soit l'ornement de ces terres, cet ornement serait inutilement créé, pour ainsi dire, et sans aucune fin, si l'on ne croyait pas qu'il fût regardé de quelqu'un qui pût en comprendre la délicatesse et en même temps en tirer du profit, en admirant la sagesse du souverain Créateur. Quant à moi, ce n'est pas la principale raison que j'aie de croire que les planètes soient habitées par un animal doué de raison : car que deviendrait ce raisonnement, si nous répondions que Dieu est lui-même le spectateur des ouvrages qu'il a créés ? Et qui peut douter que celui qui a fait les yeux, ne voie fort clair, et qu'il y prend plaisir ? Qu'on ne demande rien de plus. N'est-ce pas pour cela qu'il a créé les hommes et tout ce qui est contenu dans l'univers ? C'est pourquoi ce qui m'oblige de croire qu'il y a dans les planètes un animal raisonnable, c'est que sans cela notre terre aurait de trop grands avantages, et serait trop élevée en dignité par-dessus le reste des planètes, si elle seule avait un animal si fort élevé au-dessus des autres [1].

---

1. Christian Huygens, *La Pluralité des mondes*, 1702 (trad. du latin par M. Dufour).

(2)—— *Descartes et le modèle du tourbillon*

La cosmologie des *Entretiens* est d'inspiration essentiellement cartésienne. Fontenelle reprend notamment le modèle théorique des tourbillons (voir en particulier le Quatrième Soir, p. 128) qui sera anéanti par Newton et la loi de la gravitation (*Philosophiæ Naturalis Principia Mathematica*, 1687). Mais le système de Newton rencontre bien des résistances de la part de certains savants, qui jugent que la notion d'« attraction » est un dangereux retour aux « qualités occultes » de la physique scolastique. Fontenelle est en France le chef de file de ce courant d'opposition, et le plus inflexible puisqu'il restera fidèle aux tourbillons jusqu'à sa mort, en 1757.

DESCARTES, *LES PRINCIPES DE LA PHILOSOPHIE*

C'est dans les *Principia Philosophiæ* que Descartes emploie à plusieurs reprises le terme de « tourbillon » (*vortex* en latin) à propos de la formation des étoiles et du mouvement des planètes :

§ 30. *Que toutes les planètes sont emportées autour du soleil par le ciel qui les contient.*
[...] Pensons que la matière du ciel où sont les planètes tourne sans cesse en rond, ainsi qu'un tourbillon qui aurait le soleil à son centre, et que ses parties qui sont proches du soleil se meuvent plus vite que celles qui en sont éloignées jusques à une certaine distance, et que toutes les planètes (au nombre desquelles nous

mettrons désormais la terre) demeurent toujours suspendues entre les mêmes parties de
cette matière du ciel. Car par cela seul, et sans
y employer d'autres machines, nous ferons
aisément entendre toutes les choses qu'on
remarque en elles. D'autant que, comme dans
les détours des rivières, où l'eau se replie en
elle-même, et tournoyant ainsi fait des cercles,
si quelques fétus ou autres corps fort légers
flottent parmi cette eau, on peut voir qu'elle les
emporte et les fait mouvoir en rond avec soi ;
et même parmi ces fétus on peut remarquer
qu'il y en a souvent quelques-uns qui tournent
aussi autour de leur propre centre ; et que ceux
qui sont plus proches du centre du tourbillon
qui les contient achèvent leur tour plus tôt que
ceux qui en sont plus éloignés ; et enfin que,
bien que ces tourbillons d'eau affectent toujours de tourner en rond, ils ne décrivent
presque jamais des cercles entièrement parfaits,
et s'étendent quelquefois plus en long et quelquefois plus en large, de façon que toutes les
parties de la circonférence qu'ils décrivent ne
sont pas également distantes du centre. Ainsi
on peut aisément imaginer que toutes les
mêmes choses arrivent aux planètes, et il ne
faut que cela seul pour expliquer tous leurs
phénomènes [1].

FONTENELLE,
THÉORIE DES TOURBILLONS CARTÉSIENS

En 1752, à l'âge de quatre-vingt-quinze
ans, Fontenelle publie sous l'anonymat, et
des années après l'avoir rédigée, une aride
et quelque peu désuète *Théorie des tourbillons cartésiens*. Désormais quasiment
seul contre tous, celui qui fut pendant quarante ans le Secrétaire perpétuel de l'Académie des sciences (de 1699 à 1740)

1. Descartes, *Les Principes de la philosophie* (1647).

s'entête à soutenir le système cartésien contre celui de Newton :

Il faut se représenter les tourbillons environnants en nombre indéfini, grands et petits, ronds ou à peu près ; et à cause de cette figure et du plein, leurs interstices doivent être remplies de matière éthérée, qui apparemment y sera moins agitée que si elle avait son mouvement entièrement libre dans un seul tourbillon, comme le nôtre. Ce grand amas de tourbillons, et le nôtre y est compris, ont chacun leur force expansive particulière, différente, si l'on veut, de celle de tout autre ; ils tendent tous à s'agrandir, et s'en empêchent tous réciproquement, du moins pendant quelque temps : mais il serait presque impossible que, dans un très grand nombre de combats particuliers• l'équilibre ne fût à la fin rompu en quelque endroit. Un tourbillon quelconque se sera étendu, en absorbant quelque portion de cette matière éthérée des interstices moins agitées ; et dès lors le voilà devenu plus fort que tel autre tourbillon voisin, qui auparavant ne lui cédait pas. Mais dans le même temps le tourbillon voisin, moins gêné par une moindre quantité de matière des interstices, peut en pomper assez pour devenir égal à l'autre ; et l'équilibre est rétabli.

[...]

On peut donc imaginer que l'univers, autant qu'il nous est connu, est un amas de grands ballons, de grands ressorts bandés les uns contre les autres, qui s'enflent et se désenflent••, et ont une espèce de respiration et d'expiration successives, analogue à celle des animaux ; ce qui sera la vie de ce grand corps immense.

Il se pourrait même que ce que nous appelons ici la vertu élastique des corps, que nous observons fort en petit, fût quelque chose de tout pareil ; mais ce n'est pas le temps d'en parler [1].

• « J'aime [...] ces mondes qui se combattent toujours... » (p. 149)

•• « J'aime ces ballons qui s'enflent et se désenflent à chaque moment... » (p. 149)

Dossier

1. Fontenelle, *Théorie des tourbillons cartésiens*, 1752.

JEAN LE ROND D'ALEMBERT,
ENCYCLOPÉDIE, OU DICTIONNAIRE RAISONNÉ DES SCIENCES, DES ARTS ET DES MÉTIERS...

Dans l'*Encyclopédie*, D'Alembert évoque à plusieurs reprises les tourbillons cartésiens en leur opposant la gravitation de Newton. Dans son célèbre « Discours préliminaire » il fait preuve d'une hauteur de vue d'autant plus remarquable que la victoire des newtoniens est récente.

[...] Si on juge sans partialité ces tourbillons devenus aujourd'hui presque ridicules, on conviendra, j'ose le dire, qu'on ne pouvait alors imaginer rien de mieux. Les observations astronomiques qui ont servi à les détruire étaient encore imparfaites, ou peu constatées ; rien n'était plus naturel que de supposer un fluide qui transportât les planètes ; il n'y avait qu'une longue suite de phénomènes, de raisonnements et de calculs, et par conséquent une longue suite d'années, qui pût faire renoncer à une théorie si séduisante. Elle avait d'ailleurs l'avantage singulier de rendre raison de la gravitation des corps par la force centrifuge du tourbillon même : et je ne crains point d'avancer que cette explication de la pesanteur est une des plus belles et des plus ingénieuses hypothèses que la philosophie ait jamais imaginées. Aussi a-t-il fallu pour l'abandonner, que les physiciens aient été entraînés comme malgré eux par la théorie des forces centrales, et par des expériences faites longtemps après. Reconnaissons donc que Descartes, forcé de créer une physique toute nouvelle, n'a pu la créer meilleure ; qu'il a fallu, pour ainsi dire, passer par les tourbillons pour arriver au vrai système du monde ; et que s'il s'est trompé sur les lois du mouvement, il a du moins deviné le premier qu'il devait y en avoir [1].

---

1. D'Alembert, « Discours préliminaire » à l'*Encyclopédie*... (1751).

Dans l'article « Tourbillon » D'Alembert conclut cependant son analyse par des remarques moins indulgentes :

Cette doctrine des tourbillons est purement hypothétique. On ne prétend point y faire voir par quelles lois et par quels moyens les mouvements célestes s'exécutent réellement, mais seulement comment tout cela aurait pu avoir lieu, en cas qu'il eût plu au créateur de s'y prendre de cette manière dans la construction mécanique de l'univers. Mais nous avons un autre principe qui explique les mêmes phénomènes aussi bien, et même beaucoup mieux que celui des tourbillons, principe dont l'existence actuelle se manifeste pleinement dans la nature : nous voulons parler de la gravitation des corps. Voyez *Gravitation* [1].

Dossier

---

1. D'Alembert, article « Tourbillon », *Encyclopédie...*, vol. XVI, 1765.

3 — La réception *des* Entretiens

La première édition des *Entretiens*, composée de cinq Soirs, parut en mars 1686. Dès le mois de mai, Pierre Bayle (1647-1706) en fait un compte rendu élogieux dans le journal qu'il rédige de 1684 à 1687, *Les Nouvelles de la République des lettres* :

Cet ouvrage est composé de cinq entretiens [1] entre l'auteur et une marquise de tant d'esprit, qu'en moins de cinq ou six heures on lui fait faire son cours de physique astronomique. Cela est aisé lorsqu'on se fait des personnages d'imagination, comme est ici la marquise de Fontenelle, car on leur fait comprendre tout ce que l'on veut, on nage en pleine mer, on dispose à sa fantaisie de leur cœur et de leur esprit. On fait toutes ces choses bien plus aisément que la nature ne les produit dans des sujets très réels. « L'auteur d'un roman (c'est la critique de *La Princesse de Clèves* qui parle) arrête la passion où il veut dans ses personnages par un trait de plume, mais il ne l'arrête pas de même en ceux en qui il l'excite. On n'est pas maître de son cœur comme celui qui fait un livre est maître de son imagination [2]. » Il en est de même de l'esprit. L'auteur d'un roman le fait avancer ou reculer dans ses personnages autant qu'il le juge à propos, et ainsi

---

1. Rappelons que le sixième entretien date de 1687.
2. Citation extraite des *Lettres à la Marquise*** sur le sujet de la Princesse de Cleves* de Valincour (Paris, 1678, p. 281).

quand il lui plaît cinq ou six tours de jardins suffisent pour enseigner une science. Gardons-nous bien cependant de croire qu'on suppose rien ici qui ne soit très apparent. Nous devons savoir que « puisqu'un jeune Seigneur [1] réduisit lui-même en quatre tables l'art de penser, et en apprit facilement une par jour sans même qu'il eût presque besoin de personne pour l'entendre », une femme qui pour l'ordinaire a plus de pénétration qu'un homme pourrait bien placer dans sa tête tout le système de Copernic avec tous les tourbillons de M. Descartes au bout de cinq bonnes leçons. Si la vraisemblance a été gardée à l'égard du temps employé dans l'instruction, elle l'a aussi été à l'égard de la matière, car on dit que les dames témoignent beaucoup d'ardeur pour les sciences les plus géométriques. Écoutons parler M. l'abbé de La Roque dans son journal du 8 mars 1686•. « Depuis que les mathématiciens, dit-il, ont trouvé le secret de s'introduire jusque dans les ruelles, et de faire passer dans le cabinet des dames les termes d'une science aussi solide et aussi sérieuse que la mathématique par le moyen du *Mercure galant*, on dit que l'empire de la galanterie va en déroute, qu'on y parle plus que problèmes, corollaires, théorèmes, angle droit, angle obtus, rhomboïdes, etc. et qu'il s'est trouvé depuis peu deux demoiselles dans Paris à qui ces sortes de connaissances ont tellement brouillé la cervelle, que l'une n'a point voulu entendre à une proposition de mariage à moins que la personne qui la recherchait n'apprît l'art de faire des lunettes dont le *Mercure galant* a si souvent parlé, et que l'autre a rejeté un parfaitement honnête homme parce que dans un temps qu'elle lui avait prescrit, il n'avait pu rien produire de nouveau sur la quadrature du cercle. Nous pourrons un jour faire connaître le nom de ces deux héroïnes. » Elles sont de meilleure foi sans doute que celle

Jean-Paul de La Roque dirigea le Journal des savants de 1675 à 1687. Cette publication, fondée en 1665, était une revue privée mais servait de débouché officieux aux travaux de l'Académie royale des Sciences.

---

1. Préface de l'*Art de penser*. (Note de Pierre Bayle). *[Bayle cite ici un extrait de la préface de* La logique ou l'Art de penser *d'Antoine Arnauld et Pierre Nicole (1662).]*

dont parle M. l'abbé de Gérard[•] dans sa *Philosophie des gens de cour*, car elle se maria sans mettre à nulle épreuve philosophique le mari qu'on lui proposait. Il est vrai qu'elle n'y trouva pas son compte puisque son mari mal endurant, fatigué de la voir passer les nuits à chercher avec des lunettes s'il y a des hommes dans la Lune, la fit mettre en religion. Il y a d'autres maris qui seraient bien aises que leur femme ne passât son temps qu'avec les étoiles. Pour revenir aux *Entretiens* je dis qu'ils sont d'un caractère fort peu commun. C'est un résultat de mille pensées diverses, où l'on trouve des plaisanteries galantes, des railleries fines, des moralités profondes et enjouées, un essor d'imagination aussi vaste et aussi libre qu'on en puisse voir, une grande vivacité, tout cela soutenu d'un fond de physique et d'astronomie qui débrouille bien des choses dans le système de M. Descartes. Il est certain que tout en riant on nous fournit ici plusieurs grandes vues ; il n'est pas jusques à la comparaison de la nature avec l'opéra qui ne soit d'un très grand sens[••]. Du lieu où l'on est à l'opéra on ne voit pas les théâtres tout à fait comme ils sont, ils ont été disposés pour faire de loin un effet agréable ; les roues et les contrepoids qui font tous les mouvements ont été cachés à notre vue. Aussi ne s'embarasse-t-on guère de deviner comment se fait tout ce jeu. « Il n'y a peut-être que quelque machiniste caché dans le parterre qui s'inquiète d'un vol qui lui aura paru extraordinaire, et qui veut absolument démêler comment ce vol a été exécuté. Ce machiniste-là est assez fait comme les philosophes », gens « qui passent leur vie à ne point croire ce qu'ils voient et à tâcher de deviner ce qu'ils ne voient point ». Cette idée est assurément fort juste depuis que les cartésiens ont prouvé que Dieu remue seul toute la matière selon des lois mécaniques, en quoi ils n'ont fait que mieux expliquer l'axiome des anciens sages qui ont dit que la nature était l'art de Dieu sur la matière, *ars Dei in materia*. Nous

*Il s'agit de Nicolas
Malebranche (1638-
1715), philosophe et
théologien ; il
développa le
cartésianisme dans
un sens religieux.*

• *Voir le Premier
soir, p. 68. Dans la
première édition de
son texte, Fontenelle
avait attribué ce
propos à un roi
d'Aragon. Il s'agit
donc d'une
rectification de
Pierre Bayle.
Fontenelle en tint
compte dans les
éditions suivantes.*

avons rapporté ailleurs [1] la pensée d'un des
amis de M. Arnaud, que selon l'auteur de *La
Recherche de la vérité* • Dieu aurait donné « le
peuple juif au rabais des miracles ». On trouve
ici une pensée qui a bien du rapport à celle-là,
c'est que la vraie philosophie « est une enchère
où ceux qui offrent de faire les choses à moins
de frais l'emportent sur les autres ; que ce n'est
que par là qu'on peut attraper le plan sur lequel
la nature a fait son ouvrage, et qu'elle est d'une
épargne extraordinaire » dans l'exécution,
quoiqu'elle ait une magnificence incroyable
dans le dessein. L'auteur se sert de ce principe
pour établir le système de M. Copernic sur les
ruines de celui de Ptolémée qui est tellement
embarrassé que si Alphonse roi de Castille••
avait dit sous condition ce qu'il disait absolument, il serait fort excusable. Il disait en consi-
dérant les suppositions ordinaires des astronomes « que si Dieu l'eût appelé à son conseil,
quand il fit le monde il lui eût donné de bons
avis ». Mettez au lieu de cela « que si Dieu
avait fait le monde tel qu'on le suppose dans
le système de Ptolémée, on pourrait lui donner
de bons avis pour une autre fois », et vous
diminuerez de beaucoup la hardiesse scanda-
leuse d'Alphonse.

Peu de gens auraient été capables de s'imaginer
que les questions astronomiques pussent être
débrouillées avec toute la gaieté et avec toutes
les imaginations singulières que l'auteur a
répandues dans son ouvrage. Les comparaisons
naïves et quelquefois même de vaste dessein
ne lui manquent pas dans l'occasion, et lui servent à donner de la clarté aux dogmes les plus
éloignés des opinions populaires. Or comme la
Lune est celui de tous les astres qui après le
soleil a le plus de part à tous nos discours, l'on
examine ici d'une façon plus particulière ce qui
la regarde, et pour mieux égayer ce que l'on
en dit, on y entremêle le voyage que l'Arioste
fait faire à l'un de ces paladins, pour recouvrer

Dossier

---

1. Mois d'août 1685, p. 874. (*Note de P. Bayle.*)

la sagesse de Roland qui était devenu fou parce qu'Angélique lui avait préféré Médor•. Cette fiction pourrait faire rire tout le monde si saint Jean n'était pas le guide d'un tel voyage, mais en vérité cette grande profanation n'est pas un sujet de risée, et il n'est guère édifiant après cela que le poème de l'Arioste ait « été honoré de l'approbation d'un grand pape•• » : si ce n'est qu'on dise que les poètes aussi bien que les fous sont des gens qui ne sauraient offenser. L'auteur n'a pas plutôt achevé la digression de l'Arioste qu'il se demande s'il y a des hommes dans la Lune, et la réponse va là, que selon toutes les apparences cette planète ne manque pas d'habitants, mais qu'il est impossible de déterminer quels gens ce sont, « car, dit-il, si nous habitions la Lune nous imaginerions-nous bien qu'il y eût ici-bas cette espèce bizarre de créatures qu'on appelle le genre humain••• ? », il est donc juste que nous ne prétendions pas aujourd'hui connaître les habitants de la terre australe, qui occupent la proue du vaisseau dont nous occupons la poupe, et nous voudrions savoir ce qui se passe dans la Lune qui est un « autre vaisseau qui navigue loin de nous par les cieux•••• ». Il y aura des gens qui trouveront une grandeur déréglée d'imagination dans ces idées et dans quelques autres semblables ; mais ce seront les personnes qui ne se remplissent guère de la notion vaste et immense de l'infini, et qui bornent trop la Providence.

Avant de quitter la Lune l'auteur dit qu'encore que son atmosphère ne se remplisse pas de nuages, il ne laisse pas de s'y faire quantité d'évaporations, mais qui au lieu de se condenser comme dans l'atmosphère de la terre se résolvent bientôt en petite pluie•••••. Il considère après cela les autres planètes, et il insinue qu'hormis le soleil elles ont toutes leurs habitants qui doivent être d'espèces fort différentes selon les lieux, afin que l'infinité du dessein de la nature soit plus dignement exécuté. Il explique la diversité des jours et des nuits qui conviennent aux planètes et à leurs satellites.

• Voir le Second Soir, p. 91.

•• Second Soir, p 9(

••• Second Soir, p. 94.

•••• Second Soir, p. 94.

••••• Troisième Soir p. 101.

Il nous dit que Saturne qui de notre connaissance n'avait que trois satellites, en a cinq depuis quelque temps•, outre l'anneau qui l'environne tout entier à une si grande élévation qu'il est hors de l'ombre de cette planète, et qu'il peut à cause de cela être éclairé par le soleil, et réfléchir la lumière dans les lieux qui en manquent : il croit que les quinze années que les nuits durent dans quelques endroits de Saturne sont la cause pour laquelle il a tant de satellites, mais si cela est, il faut que les satellites aient été destinés à éclairer ces longues nuits en faveur de quelques habitants. Le dernier entretien est pour les étoiles fixes, il est fort agréable, et il fournit une pensée assez commode pour expliquer la compatibilité de tant de tourbillons voisins, c'est de supposer qu'ils ont tous un grand nombre de faces plates en dehors, chacune desquelles porte un autre tourbillon. Il est très difficile de comprendre même avec cette comparaison d'un diamant taillé à facettes que plusieurs tourbillons contigus puissent tourner en sens différents sans laisser des espaces vides entre eux, et sans que les cercles des uns entrent dans les autres. Les cartésiens ont fort négligé (peut-être parce qu'ils n'y voyaient aucun jour) d'expliquer toutes ces choses, qui leur ont été néanmoins objectées très fortement par divers auteurs, et entre autres par le P. Maignan•• à la fin de son *Cours de philosophie* imprimé à Lyon *in-fol.* l'an 1673.

Le lecteur sera bien aise de voir ici que les deux nouveaux satellites de Saturne ont été découverts en France par M. Cassini•••. Ils sont plus voisins de cette planète que les trois autres. Celui des deux qui en est le plus voisin ne s'éloigne jamais de l'anneau par son mouvement propre que des deux tiers de la longueur apparente de ce même anneau, et il fait autour de Saturne une révolution en un jour, 21 heures et 19 minutes. Il fait donc en moins de deux jours deux conjonctions avec Saturne, l'une dans la partie supérieure de son cercle, l'autre dans l'inférieure. L'autre satellite ne

• *Quatrième Soir,* p. 135.

•• *Emmanuel Maignan (1601-1676) était philosophe et mathématicien. Son ouvrage,* Cursus philosophicus, *parut pour la première fois à Toulouse en 1653.*
••• *Voir* note 1 p. 90.

s'éloigne de l'anneau que des trois quarts de sa longueur, et il fait autour de Saturne sa révolution en deux jours, 17 heures 43 minutes. Il se passe peu de jours qu'il ne se joigne à Saturne ou dans la partie supérieure de son cercle ou dans l'inférieure. Ces deux satellites font en tout 653 conjonctions avec leur planète chaque année, au lieu que les deux premiers satellites de Jupiter n'en font que 617. La distance de ces deux nouveaux satellites qui est presque immense à proportion de leur grandeur a demandé qu'on se soit servi pour les découvrir de verres d'une portée extraordinaire. Ils ont été découverts pour la première fois dans le mois de mars 1684 par deux objectifs excellents de 100 et de 136 pieds, et ensuite par deux autres de 90 et 70 pieds que M. Campani• avait tous travaillés à Rome, et envoyés à l'Observatoire de Paris par ordre du roi, après la découverte que M. Cassini avait faite du troisième et du cinquième satellite par d'autres verres du même Campani de 17 et de 34 pieds. M. Cassini les a employés sans tuyau d'une manière plus simple que celles qu'on a proposées, et il a vu depuis tous ces satellites par les verres de M. Borelli•• de 40 et de 70 pieds, et par ceux que M. Hartsœcker••• a travaillés tout nouvellement de 155 et de 220 pieds. M. Cassini, à l'exemple de Galilée qui nomma *Sidera Medicea* les satellites de Jupiter qu'il découvrit sous la protection du Grand Duc, nomme les satellites de Saturne *Sydera Lodoicea*, en l'honneur de Louis le Grand, et il ne craint pas l'aventure qui confondit quelques astronomes du dernier règne, qui ayant pris pour des astres les taches du soleil, les nommèrent *Sidera Borbonia* en l'honneur de Louis le Juste. C'était sans y penser faire déshonneur à ce Prince, car c'était nommer Astres de Bourbon les taches des cieux•••• [1].

• *Giuseppe Campani (1635-1715), astronome et opticien italien.*

•• *Giovanni Alfonso Borelli (1608-1679), physicien et physiologiste italien.*
••• *Nicolas Hartsœcker (1656-1725), fabricant de lunettes astronomiques et de microscopes.*

•••• *Voir Entretiens, p. 125 (note 3).*

1. Pierre Bayle, article publié dans les *Nouvelles de la République des lettres*, mai 1686.

Lettre de Fontenelle
à M. Basnage de Beauval

Tout en louant l'œuvre de Fontenelle, une lettre anonyme adressée aux *Nouvelles de la République des lettres* en 1699 critiquait la validité scientifique de la fameuse rêverie de l'homme suspendu dans les airs et voyant tourner la terre sous ses pieds pendant vingt-quatre heures (voir le Premier Soir p. 76). En réponse à cette lettre, Fontenelle adressa le texte suivant à Basnage de Beauval, le rédacteur de l'*Histoire des ouvrages des savants* :

J'ai vu, Monsieur, dans les *Nouvelles de la République des lettres*, une lettre qui me regarde. L'auteur ne se nomme point ; mais quel qu'il soit, je le remercie de l'extrême honnêteté avec laquelle il me traite. C'est une chose assez rare dans le monde savant qu'une critique si civile. Je conviens avec l'auteur que quand j'ai supposé (*Pluralité des mondes*) qu'un homme suspendu en l'air verrait passer au-dessus de lui en vingt-quatre heures tous les différents peuples de la terre, cela est, rigoureusement parlant, contre le système de Copernic ; parce que la terre, dans le temps qu'elle fait un tour sur son axe par son mouvement journalier, avance aussi par son mouvement annuel sur le cercle qu'elle décrit autour du soleil, et qu'ainsi elle se déroberait bientôt de dessous les pieds du spectateur suspendu. Mais aussi je ne l'ai fait que pour donner une image sensible du mouvement journalier de la terre, et je n'ai point du tout prétendu y enfermer le mouvement annuel. Il y a dans une supposition, comme dans un marché, que ce qu'on y met. Je ne voulais alors expliquer qu'un seul mouvement ; et dans tout cet ouvrage, une de mes plus grandes attentions a été de démêler extrêmement les idées, pour ne pas embarrasser l'esprit des ignorants, qui étaient mes véritables marquises. Il est vrai qu'un peu auparavant j'avais établi les deux mouvements de la terre : mais je ne m'étais pas pour autant privé de droit de les pouvoir séparer ensuite, quand la netteté de l'explication, l'ornement de la matière le demanderaient. Cette supposition est d'autant plus pardonnable, que je n'en ai tiré aucune conséquence philosophique, ni que je prétendisse donner pour vraie ; et c'est une chose que je crois avoir assez exactement observée dans le mélange perpétuel de vrai et de faux, qui compose ce petit livre. Quand j'ai voulu raisonner, j'ai tâché d'établir des principes solides. Quand il n'a été question que de badiner, je n'y ai point regardé de si près. Mais que diriez-vous, Monsieur, et que dirait l'auteur de la lettre, si je soutenais que ma supposition peut être exactement et philosophiquement vraie ? Mon spectateur suspendu en l'air serait enfermé dans l'atmosphère ; et il faut bien qu'il y soit pour être à portée de voir les objets que je lui fais considérer. Or, l'atmosphère enveloppe la terre, et ne l'abandonne jamais. L'atmosphère suit le mouvement que la terre a sur son axe, et en même temps elle suit la terre qui tourne autour du soleil. Mon homme ne serait immobile qu'à l'égard du mouvement par lequel l'atmosphère tourne sur l'axe de la terre, mais non pas à l'égard du mouvement par lequel l'atmosphère et la terre tout ensemble tournent autour du soleil. Ainsi la terre ne se retirerait point de dessous lui, et différents peuples passeraient en vingt-quatre heures sous ses yeux. Je n'en ai pas voulu tant dire à la marquise, surtout dans les commencements. Mais l'auteur ne doit pas être traité comme elle. Voilà, Monsieur, tout ce que j'ai à répondre à la principale, et, ce me semble, à l'unique objection de l'auteur ; car, ce qu'il dit après cela ne me regarde point. Il demande ce que deviendrait le spectateur abandonné par la terre, et s'il tomberait dans le soleil ? Je n'en sais en vérité rien, et il serait bon d'avoir sur ce sujet quelques expériences avant que de raisonner. A parler sérieusement, cela dépend du système de la pesanteur, non pas renfermé dans notre petit tourbillon de la terre, mais étendu au grand tourbillon qui comprend le soleil et toutes les planètes. Il y a bien de l'apparence que les planètes pèsent à l'égard du soleil, comme les corps terrestres à l'égard de la terre, et quelques philosophes modernes nous ont déjà ouvert de grandes vues sur cette matière. Mais à Dieu ne plaise que je m'y aille embarquer. L'auteur ne paraît pas bien convaincu que le soleil tourne sur son axe. Les astronomes croient pourtant avoir observé qu'il tourne en vingt-sept jours. On s'en est assuré par les taches ; et d'ailleurs il paraît impossible, selon la mécanique, qu'un corps placé au centre d'un liquide qui tourne, se dispense de tourner sur lui-même [1].

FRANCESCO ALGAROTTI, LE NEWTONIANISME POUR LES DAMES OU ENTRETIENS SUR LA LUMIÈRE, SUR LES COULEURS, ET SUR L'ATTRACTION

Francesco Algarotti, érudit vénitien (né en 1712), dédia son ouvrage *Newtonianismo per le dame* à Fontenelle, en témoignage de son admiration pour les *Entretiens*. Hommage non dépourvu d'ambiguïté néanmoins puisque l'ouvrage d'Algarotti ne se propose rien de moins que de diffuser le système de Newton en ruinant celui de Descartes et de ses disciples...

À Monsieur de Fontenelle. Épître et préface de l'auteur.
Monsieur, si vous avez dédié vos ingénieux *Dialogues* à l'illustre mort qui vous en a fourni la première idée• ; si vous avez cru devoir pénétrer jusque dans l'empire des ombres pour y chercher votre héros ; ne dois-je pas, à plus forte raison, vous dédier des « entretiens » dont vous m'avez donné le modèle ? Vous

Les Nouveaux dialogues des morts de Fontenelle (1683) s'ouvrent par une dédicace « à Lucien, aux champs élyséens ». Lucien (115-après 180 apr. J.-C.) est l'auteur des Dialogues des morts (Nortuorum Dialogi) dont Fontenelle s'est inspiré.

Dossier

---

1. Lettre de Fontenelle à M. Basnage de Beauval, imprimée dans l'*Histoire des ouvrages des savants*, septembre 1699, p. 415.

m'offrez un exemple vivant, Paris vous voit toujours cher aux Muses, toujours respirant la politesse et l'aménité. Le premier vous sûtes rappeler la philosophie du fond des cabinets et des bibliothèques, pour l'introduire dans les cercles et à la toilette des dames. Le premier vous interprétâtes à la plus aimable partie de l'univers ces hiéroglyphes, qui n'étaient autrefois que pour les initiés. Vous ornâtes des plus belles fleurs un champ tout hérissé d'épines ; on dirait que vous avez donné aux Grâces et à Vénus le soin de faire tourner les cieux ; Vénus et les Grâces ont remplacé sous vos auspices les intelligences, que l'Antiquité chargeait d'un pareil ministère. Le succès de votre ouvrage répond à la beauté, et à la nouveauté de l'entreprise. Cette charmante moitié du monde, qui entraîne toujours les suffrages de l'autre moitié, a donné ses applaudissements à votre livre, et l'a consacré à la postérité de la manière la plus flatteuse.

Oserais-je me flatter moi-même que ma *Lumière* et mes *Couleurs* auront le sort de vos *Mondes* ? Si le désir de plaire à ce qui vous plaît tant suffisait pour faire la fortune d'un ouvrage, je n'aurais rien à vous envier ; mais je connais la quantité de choses qui me manquent [...].

Sans parler de vos talents, et de cet art enchanteur qui rend aimable tout ce que vous traitez, votre sujet de la pluralité des mondes est plus propre, qu'aucun autre, à fournir des images riantes et gracieuses ; le vaste champ de la philosophie ne pouvait vous présenter rien de plus convenable à vos interlocuteurs ; ce ne sont qu'étoiles, que planètes ; en un mot, les plus brillants et les plus grands objets de l'univers. Il y a peu de subtiles recherches dans les sciences, où vous soyez obligés d'entrer, et les arguments dont vous vous servez pour établir votre opinion n'exigent pas tant de certitude, que la vivacité de l'entretien ne puisse être blessée.

J'ai entrepris d'orner la vérité sans lui ôter le secours des démonstrations, et de l'orner aux yeux de ce sexe, qui aime mieux sentir que savoir. Le sujet de mes *Entretiens* est la lumière et la couleur ; quelque beau, et quelque riant qu'il paraisse, il n'est pourtant ni aussi agréable, ni aussi étendu que vos *Mondes*. [...] Vous avez embelli le système des cartésiens, j'ai tâché de « dompter » le newtonianisme, et de lui prêter des attraits [1].

VOLTAIRE ET LES *ENTRETIENS*

Pour Voltaire, les *Entretiens* de Fontenelle semblent avoir été tout à la fois un texte fondateur et un contre-modèle. Ils sont en tout cas une référence récurrente dans ses écrits [2]. Son attitude ambiguë à l'égard des *Entretiens* est d'autant plus significative qu'elle est le moyen de saisir à quel point le rôle de précurseur des Lumières que l'on attribue d'ordinaire à Fontenelle n'est peut-être qu'une approximation. Du Fontenelle des *Entretiens* à la génération des philosophes (dont Voltaire est assurément le chef de file) une rupture s'est produite, qui ne saurait se résumer au passage du cartésianisme au newtonianisme. Les critiques de Voltaire témoignent d'un malentendu plus profond, sans doute lié à l'émergence d'un nouveau statut de la connaissance scientifique•.

*Voir sur ce point
otre présentation,
, 44.*

Vraisemblablement soucieux de s'attirer la sympathie de l'influent (et déjà sexagénaire) secrétaire perpétuel de l'Académie des sciences qu'était alors Fontenelle, le jeune Voltaire lui adressa, le 1er juin 1721, la lettre suivante :

---

1. Francesco Algarotti, *Le Newtonianisme pour les dames, ou Entretiens sur la lumière, sur les couleurs, et sur l'attraction*, 1737 (trad. française de Duperron de Castera, 1738).
2. Pour une étude plus générale sur les rapports entre Fontenelle et Voltaire, on se reportera à l'étude de Christiane Mervaud, « Voltaire et Fontenelle », *in Fontenelle*, Colloque de Rouen, P.U.F., 1989, p. 317-328.

Monsieur,

Les Dames qui sont ici se sont gâtées par la lecture de vos *Mondes*. Il vaudrait mieux que ce fût par vos églogues, nous les verrions plus volontiers bergères que philosophes, elles mettent à observer les astres un temps qu'elles pourraient bien mieux employer, et nous nous sommes tous faits physiciens pour l'amour d'elles,

Le soir sur un lit de verdure
Et que de ses mains la nature
Dans ces jardins délicieux
Forma pour une autre aventure,
Nous brouillons tout l'ordre des cieux
Et prenons Vénus pour Mercure :
Mais vous remarquerez qu'on n'a
Pour observer tant de planètes
Au lieu de vos longues lunettes
Que des lorgnettes d'opéra.

Comme nous passons la nuit à examiner les étoiles nous négligeons fort le soleil leur ennemi à qui nous ne rendons visite que lorsqu'il a fait les deux tiers de son cours. Ainsi nous ne sommes pas témoins de ses aventures. Nous venons d'apprendre tout à l'heure qu'il a paru aujourd'hui à son lever de couleur de sang et qu'ensuite sans qu'il fût obscurci d'aucun nuage, il a perdu sensiblement de sa lumière et de sa grandeur. Nous n'avons su cette nouvelle que sur les cinq heures du soir, nous avons mis la tête à la fenêtre et nous avons pris le soleil pour la Lune tant il était petit et pâle. Nous ne doutons point que vous n'ayez vu la même chose, car il n'y a pas d'apparence que le soleil n'ait fait cette niche qu'à nous. C'est à vous que nous nous adressons Monsieur comme à notre maître et à celui de tous les savants ; vous savez rendre aimables les choses que les autres philosophes rendent à peine intelligibles et la nature devait à la France et à l'Europe un homme comme vous pour corriger les savants et pour donner aux plus ignorants le goût des sciences.

[...]

Mais à présent Monsieur que vous êtes philosophe nous nous flattons que vous voudrez bien nous parler philosophiquement de tout cela, vous nous direz si vous croyez que l'astre s'est encroûté comme le prétend Descartes. Nous vous en croirons aveuglément quoique nous ne soyons pas fort crédules [1].

Fontenelle répondit par les vers suivants :

Vous dites donc, gens de village,
Que le soleil à l'horizon
Avait assez mauvais visage,
Hé bien quelque subtile nuage
Vous avait fait la trahison
De défigurer son image.
Elle était là comme en prison,
D'un air malade, mais je gage
Que le drôle en son haut étage
Ne craignait point la pâmoison.
Vous n'en saurez pas davantage,
Et voici ma péroraison.
Adieu : votre jeune saison
À tout autre soin vous engage,
L'ignorance est son apanage
Avec les plaisirs à foison,
Convenable et doux assemblage.
J'avouerai bien, et j'en enrage,
Que le savoir et la raison
N'est presqu'aussi qu'un badinage,
Mais badinage de grison.
Il est des hochets pour tout âge
[...] [2].

Point trop satisfait, semble-t-il, du relatif désintérêt manifesté par Fontenelle, Voltaire écrivit à Nicolas Claude Thieriot (en juillet 1721) : « Renvoyez-moi ma lettre à M. de Fontenelle et ses réponses. Tout cela ne vaut pas grand-chose, mais il y a

1. Ces extraits de la correspondance de Voltaire sont cités d'après *Voltaire's Correspondance*, éd. T. Besterman, lettre n° 90, vol. I, Genève, 1953.
2. « Réponse à une lettre de M. de Voltaire », *in* Fontenelle, *Œuvres complètes*, éd. A. Niderst, Paris, Fayard, 1989, t. 3, p. 263.

dans le monde des sots qui les trouveront bonnes. »

Après son exil en Angleterre (1726-1728), Voltaire devint newtonien. Il ne pouvait dès lors que s'opposer aux partisans du cartésianisme dont Fontenelle était le plus éminent représentant. En 1738, dans l'avant-propos de ses *Éléments de la philosophie de Newton*, il s'en prend ouvertement aux *Entretiens* :

Madame•,
Ce n'est point ici une marquise, ni une philosophie imaginaire. L'étude solide que vous avez faite de plusieurs nouvelles vérités et le fruit d'un travail respectable, sont ce que j'offre au public pour votre gloire, pour celle de votre sexe, et pour l'utilité de quiconque voudra cultiver la raison et jouir sans peine de vos recherches. Il ne faut pas s'attendre à trouver ici des agréments. Toutes les mains ne savent pas couvrir de fleurs les épines des sciences ; je dois me borner à tâcher de bien concevoir quelques vérités et à les faire voir avec ordre et clarté. Ce serait à vous de leur prêter des ornements.

• *Voltaire dédie son livre à la Marquise du Châtelet, qu'il avait rencontrée en 1733, et dont l'instruction scientifique était exceptionnelle pour une femme de cette époque. Elle partageait avec Voltaire un enthousiasme inconditionnel pour la philosophie de Newton.*

Dans un *Fragment d'un mémoire envoyé à divers journaux* imprimé dans le *Journal des savants* de juin 1738, Voltaire se défend pourtant d'avoir visé l'œuvre de Fontenelle :

On vient de m'avertir qu'on fait une application aussi mal fondée qu'injurieuse de ces mots par lesquels j'avais commencé ces *Essais sur les éléments de Newton* : « Ce n'est point ici une marquise ni une philosophie imaginaire. » Je suis si éloigné d'avoir eu en vue l'auteur de la *Pluralité des mondes* que je déclare ici publiquement que je regarde son livre comme un des meilleurs qu'on ait jamais faits, et l'auteur comme un des hommes des plus estimables qui aient jamais été.

Quoi qu'il en dise, Voltaire visait bel et bien les *Entretiens*, comme le prouve une lettre datée du 26 octobre 1738 (adressée à Des Alleurs) :

À la bonne heure que M. de Fontenelle ait égayé ses *Mondes*. Ce sujet riant pouvait admettre les fleurs et les pompons, mais des vérités plus approfondies sont de ces beautés mâles auxquelles il faut les draperies de Poussin.

Dans *Le Siècle de Louis XIV* (1739-1751), Voltaire précise ses critiques :

L'art de répandre des grâces jusque sur la philosophie fut [...] une chose nouvelle dont le livre des *Mondes* fut le premier exemple, mais exemple dangereux parce que la véritable parure de la philosophie est l'ordre, la clarté, et surtout la vérité. Ce qui pourrait empêcher cet ouvrage ingénieux d'être mis par la postérité au rang de nos livres classiques, c'est qu'il est fondé en partie sur la chimère des tourbillons de Descartes.

C'est également vers 1739 que Voltaire commence à rédiger son premier conte philosophique, *Micromégas* (publié en 1752), dans lequel il donne à Fontenelle un rôle comique sous les traits du nain de Saturne. Le voyage interplanétaire de son héros s'ouvre par une parodie des premières pages des *Entretiens* :

Allusion transparente à Fontenelle qui fut longtemps, à Paris, secrétaire de l'Académie des sciences, et qui publia de nombreux textes versifiés.

[Micromégas] lia une étroite amitié avec le secrétaire de l'Académie de Saturne, homme de beaucoup d'esprit, qui n'avait à la vérité rien inventé, mais qui rendait un fort bon compte des inventions des autres, et qui faisait passablement de petits vers et de grands calculs•. Je rapporterai ici, pour la satisfaction des lecteurs, une conversation singulière que Micromégas eut un jour avec M. le secrétaire [...].

« Il faut avouer, dit Micromégas, que la nature est bien variée. – Oui, dit le Saturnien, la nature est comme un parterre dont les fleurs... – Ah ! dit l'autre, laissez-là votre parterre. – Elle est, reprit le secrétaire, comme une assemblée de blondes et de brunes, dont les parures•... – Eh ! qu'ai-je à faire de vos brunes ? dit l'autre. – Elle est donc comme une galerie de peintures dont les traits... – Eh non ! dit le voyageur ; encore une fois, la nature est comme la nature. Pourquoi lui chercher des comparaisons ? – Pour vous plaire, répondit le secrétaire. – Je ne veux point qu'on me plaise, répondit le voyageur ; je veux qu'on m'instruise. »

• « *La beauté du jour est comme une beauté blonde qui a plus de brillant ; mais la beauté de la nuit est une beauté brune qui est plus touchante* » (p. 59-60).

DIDEROT, *LE RÊVE DE D'ALEMBERT*

Dans *Le Rêve de D'Alembert* (rédigé en 1769), l'hommage que Diderot rend aux *Entretiens* est à peine moins ambigu que les éloges perfides de Voltaire. Certes, dans ce texte, Mlle de Lespinasse est sans doute « un avatar de la marquise [des *Entretiens*] et Diderot signe sa dette, en lui faisant évoquer la rose de Fontenelle [1] ». Mais, par la bouche de Bordeu, Diderot n'en fait pas moins écho aux critiques de Voltaire :

MADEMOISELLE DE L'ESPINASSE. – [...] Docteur, qu'est-ce que c'est que le sophisme de l'éphémère ?
BORDEU. – C'est celui d'un être passager qui croit à l'immutabilité des choses.
MADEMOISELLE DE L'ESPINASSE. – La rose de Fontenelle qui disait que de mémoire de rose on n'avait vu mourir un jardinier ?
BORDEU. – Précisément ; cela est léger et profond.

---

1. Michel Delon, « La marquise et le philosophe », art. cité, p. 35.

MADEMOISELLE DE L'ESPINASSE. – Pourquoi vos philosophes ne s'expriment-ils pas avec la grâce de celui-ci ? nous les entendrions.

BORDEU. – Franchement, je ne sais si ce ton frivole convient aux sujets graves.

MADEMOISELLE DE L'ESPINASSE. – Qu'appelez-vous un sujet grave ?

BORDEU. – Mais la sensibilité générale, la formation de l'être sentant, son unité, l'origine des animaux, leur durée, et toutes les questions auxquelles cela tient.

MADEMOISELLE DE L'ESPINASSE. – Moi, j'appelle cela des folies auxquelles je permets de rêver quand on dort, mais dont un homme de bon sens qui veille ne s'occupera jamais.

BORDEU. – Et pourquoi cela, s'il vous plaît ?

MADEMOISELLE DE L'ESPINASSE. – C'est que les unes sont si claires qu'il est inutile d'en chercher la raison, d'autres si obscures qu'on n'y voit goutte, et toutes de la plus parfaite inutilité [1].

Dossier

---

1. Diderot, *Le Rêve de D'Alembert*, 1769.

GF Flammarion

06/02/119425-II-2006 – Impr. MAURY Eurolivres, 45300 Manchecourt.
N° d'édition FG102404. – Octobre 1998. – Printed in France.